U0139510

汴梁歌啸

北宋辽时期国务实录

顾宏义 —— 著

上海科学技术文献出版社
Shanghai Scientific and Technological Literature Press

图书在版编目（CIP）数据

汴梁歌啸：北宋辽时期国务实录 / 顾宏义著 . —上海：上海科学技术文献出版社，2023

（风雅宋）

ISBN 978-7-5439-8849-1

Ⅰ . ①汴… Ⅱ . ①顾… Ⅲ . ①中国历史—研究—北宋 Ⅳ . ① K244.07

中国国家版本馆 CIP 数据核字（2023）第 098089 号

责任编辑：王 珺
封面设计：留白文化

汴梁歌啸：北宋辽时期国务实录
BIANLIANG GEXIAO: BEISONGLIAO SHIQI GUOWU SHILU
顾宏义 著
出版发行 上海科学技术文献出版社
地 址：上海市长乐路 746 号
邮政编码：200040
经 销：全国新华书店
印 刷：商务印书馆上海印刷有限公司
开 本：850mm×1168mm 1/32
印 张：7.25
字 数：120 000
版 次：2023 年 8 月第 1 版 2023 年 8 月第 1 次印刷
书 号：ISBN 978-7-5439-8849-1
定 价：88.00 元
http://www.sstlp.com

前　言

　　自公元十世纪后期至十三世纪前期 300 余年间，在中华大地上，同时存在着宋、辽、金和西夏等数个由不同民族建立的政权，其相互间或和或战，纵横捭阖，攻伐兴亡，上演了一幕又一幕悲喜剧。宋朝，分为北宋（960—1127）、南宋（1127—1279）前后两个阶段；辽（916—1125）又称契丹，几与北宋同终。尚武的辽朝，其全盛时期带甲百万，幅员万里，东自大海，西至流沙，北临大漠，南以白沟与北宋为界，雄峙于北疆。而崇儒尚文的北宋王朝，虽然因内外条件的限制，缺乏汉、唐王朝那种强盛、恢宏、开拓的盛世气派，并因其积弱积贫的国势，造成其对外政治、军事、外交方面的软弱无能，在与辽的交往中处于守势，但其较为稳固的政治统治、极为繁荣的经济状况，以及深厚而丰富多彩的文化积累和成就，都给予辽以极为全面而又深刻的影响，从而在中国历史乃至世界文明史上都占有十分重要的位置。

目　录

北宋初的统一战争与中央集权

公元960年正月初一，北周朝廷接到河北前线送来的情报，称北方的契丹会同割据河东（今山西）的北汉军队大举南侵，于是宰相范质（911—964）、王溥（922—982）急忙派遣殿前都点检、归德军节度使赵匡胤（927—976）统帅三军北上御敌，并命殿前副点检慕容延钊（？—964）领前军先行。初三早晨，在送行的炮声中，赵匡胤率周军主力出征，当晚就驻扎在汴京开封城（今属河南）东北40里的陈桥驿。

赵匡胤祖籍涿州（今属河北），927年出生于洛阳（今属河南）夹马营中，948年应募从军，956年因战功擢任定国军节度使，并作为周世宗柴荣（921—959）的亲信大将，出任殿前都指挥使，统御殿前亲军。959年，时正壮年的周世宗病逝，年方7岁的周恭帝即位，由宰相范质、王溥等辅佐。周世宗死前，为防止兵变，煞费苦心地将殿前都点检张永德（928—1000，周太祖郭威的女婿）免去军职，由赵匡胤接任。

当时君幼臣强，人心猜疑，政局不稳，不少文武官员纷纷活动，密谋推戴赵匡胤为帝，甚至有士兵公然在都城中宣言："在出军之日，册立都点检为天子。"城中百姓十分恐惧，争作逃避之想。令人奇怪的是，只有宰相范质等人对此全然懵懂不知。

是夜，在陈桥驿兵营中，赵匡胤假装醉酒，高卧帅帐，而他的亲信将领李处耘（920—966）、李汉超（？—977）、王彦升（917—974）等人却四处鼓噪，与赵匡胤弟赵匡义（939—997）、赵匡胤的亲信谋士赵普（922—992）商议，拥立赵匡胤为帝。由于五代篡位的帝王为取悦将士，攻入京城时，都纵兵大掠数日，大失民心，故皆国祚不长。赵匡胤为免蹈覆辙，极想改变这一兵变恶习。因此赵普告诫参与密谋的禁军将校说："兴王易姓，虽说是天命，但实系于人心向背。如若将士劫掠京城，必定使四方百姓惊乱生变。诸位如能严敕军士，勿令剽掠，使京城人心不乱，则四方就会安定，诸位也可长保富贵。"在场的将领都表示同意。

初四清晨，参与拥立的将领拥进帅帐，将象征天子身份的黄袍披在赵匡胤身上，退后拜倒，口呼"万岁"，并随即将赵匡胤扶上战马，率三军还京。赵匡胤虽已得到参与密谋的将校允诺不入京劫掠，但不知三军士兵是否也持同样心思，便揽辔驻马说："你们自己贪图富贵，立我为天子，如能从我的命令即可，不然，我不能为你们之主。"拥立者一齐表示："唯命是从。"赵匡胤指出，对周太后、周恭帝以及朝中公卿大臣都不许凌暴，国库街市都不许劫掠，如服从命令有重赏，违令者族灭。三军将士拥立赵匡胤代替后周，其主要目的就在于获取钱财，既然所拥立的新皇帝答应事成后有重赏，自然应允照办。于是北上的军队掉头南下，直扑守卫空虚的京城。

初五清晨，赵匡胤在守城将领殿前都指挥使石守信（928—984）、都虞候王审琦（925—974）的接应下，顺利入城，秋毫无犯。部署已定的赵匡胤回到自己的官署，等待百官的朝见。此时皇宫内早朝未散，范质等大臣闻变大惊，但都束手无策，只有侍卫亲军副都指挥使韩通（？—960）跃马而出，准备集众抵抗，但被率前锋入城的王彦升杀死。范质只得率文武百官请赵匡胤至崇元殿，翰林学士陶谷（903—970）从袖中拿出事先准备好的禅代诏书，举行禅代之礼，宣布周恭帝退位，赵匡胤称帝，改元建隆，大赦天下。这就是史书上记载的"陈桥兵变、黄袍加身"的真相。因为赵匡胤所任归德军节度使的治所在宋州（今河南商丘），所以定新朝国号为宋，开国之君赵匡胤也就被称为宋太祖。宋朝仍定都开封，习惯上称作北宋，以区别于后来迁都临安（今浙江杭州）的南宋。

数日后，宋太祖论功行赏：拥立有功的石守信官拜侍卫马步军副都指挥使，高怀德为殿前副都点检，张令铎（911—970）为马步军都虞候，王审琦为殿前都指挥使，张光翰（？—967）为马军都指挥使，赵彦徽（？—968）为步军都指挥使、并拜节度使，赵匡义（改名光义）为殿前都虞候，赵普任枢密直学士；统帅重兵在北方前线的后周大将慕容延钊、韩令坤（923—968）都表示愿听命新天子，所以擢升慕容延钊为殿前都点检，韩令坤为侍卫马步军都指挥使，他俩职位虽更尊贵，实权却已旁移。

宋太祖虽然兵不血刃地建立了新政权，安定了人心，但依然危机重重，并三面受敌：首先是来自拥护后周政权者的反抗。史书记载，宋太祖即位之初喜欢微服私行，某日出行，不知何处射来一箭，正中其坐车，虽然出身行伍的宋太祖面不改色，但此后也不敢随意外出了。对宋太祖威胁更大的是拥有重兵的昭义节度使李筠（？—960）和淮南节度使李重进（？—960）都在积极地准备起兵。其二是来自北方契丹、北汉的军事威胁。其三是来自南方割据政权对中原地区的觊觎。当时经过百余年的分裂战乱，要求统一的呼声日高，而新建立的赵宋政权统辖区域并不太大，使得割据四川的后蜀和盘踞江南的南唐等国也抱有北取中原的企图。因此他们互相频繁联系以求联合，来扼杀宋朝。在这三方面中，以契丹的实力最强，而李筠、李重进两镇兵力较弱，但这两镇对宋朝的威胁却最大，是宋朝的心腹之患，所以宋太祖打算先易后难，有步骤地予以解决，以一统天下。

兵马甚壮的李筠驻军潞州（今山西长治），原为防御北汉南下，此时便以忠心周室为名，连结北汉，欲引兵东向与宋太祖争夺天下。宋太祖深知李筠绝不肯俯首归附，决意乘众多对手还未及牢固结盟之时，加以各个击破，就有意激李筠早反。960年（建隆元年）四月，李筠起兵反宋，命其子李守节（940—972）守卫潞州，亲率大军南下，北汉皇帝刘钧（926—968）派军支援。宋太祖已有准备，分遣大将抵御，防止李筠越过太行山，居高临下，直指开封城。此时驻扎扬州（今属江苏）的李重进也跃跃欲试，派亲信翟守珣北上，企图与李筠结成同盟。但翟守珣却入开封，向宋太祖告密。宋太祖送给翟守珣很多财物，让他劝说李重进不要急于起兵，以避免宋军腹背受敌的局面。李重进虽然听从了翟守珣劝说，但依然心存疑虑，便加紧治城缮兵，做着起兵的准备。宋太祖清楚地意识到，宋军能否迅速平定李筠的叛乱，关系着处于观望中的各地原后周统兵将领的归服和宋朝能否坐稳天下，因此宋太祖于六月亲率大军决战，以求速战速决。此时李筠错误估计形势，认为宋军将士都是自己旧部，只要与他相见，必定会前线倒戈。不料两军刚一交火，宋军就发动猛攻，将李筠围困在泽州（今山西晋城）城内。激战数十天后，泽州城破，李筠赴火自杀，李守节以潞州降宋。

七月，宋太祖自潞州归京城，着手处理扬州之事，一面派使臣赐李重进"铁券"，以示信任，一面又命徙李重进为平卢节度使，移镇青州（今属山东）。李重进是后周开国皇帝郭威的外甥，周世宗时同赵匡胤分掌内外兵权，959年出任淮南节度使，镇守扬州，防备南唐。李重进对此更加疑惧，拒绝新任命，扣留朝廷使臣，调动兵马，缮治城池，并向南唐求援。南唐不敢公然与宋朝对抗，便把李重进的密信呈送开封，使李重进处于内乏资储、外无救援的不利局面。九月，李重进正式反宋，宋太祖在做了一番周密的部署后，于十月亲率大军南征，顺汴河而下，直抵淮河北岸。宋前线统帅石守信很快击溃李重进军，乘势包围了扬州。十一月，宋太祖率主力来到扬州城下，即日攻破扬州城池，李重进全家赴火自焚，淮南反叛迅速得以平定。

宋太祖迅速削平了二李的反抗，使宋朝在后周境内的统治大为巩固，不少对新朝不满且力量不及二李的后周旧臣方镇，不敢再举兵反抗，以免重蹈二李的覆辙，而归附新朝。于是宋太祖得以腾出手来解决其时刻考虑的两个问题：加强君主专制集权统治与削平割据政权、统一天下。

自唐代中后期以来，因藩镇割据混战，使统一的中央政府徒有虚名，君主屡遭非命，社会分崩离析。宋太祖为了不使宋成为继五代之后第六个短命王朝，便决意避免重蹈五代以来靠兵变改朝换代的覆辙，就于政局稳定之初，苦思防止重臣大将篡夺"大政"的对策。有一天，宋太祖对赵普议论道："自唐末以来数十年间，帝王凡转易八姓，战斗不息，生灵涂炭，这是什么缘故？我欲平息天下的战争，为国家长久计谋，应用什么方法治理？"精通治道的赵普献策说："这没有其他原因，只是因为方镇权力太重，君弱臣强而已。今日治理之道，亦没有其他奇巧，只有渐渐夺其权柄，控制其钱谷，收其精兵，则天下自然安定了。"其意思是说，只有将藩镇和禁军将帅手中用人之权、财赋之权和兵权夺过来，才能从根本上改变五代时期君弱臣强、藩镇割据对抗中央之问题。宋太祖言下即悟，便说："卿不用再说了，我已明白。"宋太祖随即导演了一场"杯酒释兵权"的喜剧。

宋太祖为强化中央集权，首先要解决兵权问题，所以他先着手削夺对其威胁最大的禁军大将的兵权。961年（建隆二年）三月，宋太祖乘统兵大将慕容延钊、韩令坤（923—968）入朝之际，罢去两人统领禁军的兵权，殿前都点检慕容延钊出任山南东道节度使，侍卫马步军都指挥使韩令坤出任成德节度使。并去掉殿前都点检这个权重位尊的职务，由天子直接掌握禁军。但石守信等禁军将领有拥立之功，宋太祖不好无故下令罢免。为此宋太祖于七月的一天设宴招待石守信、王审琦、高怀德等禁军高级将领，乘醉说道："我不靠你们的力量就没有今天，但做天子亦太艰难，根本没有做节度使时快乐。我整夜都不敢安睡啊！"石守信等人惊异道："陛下为什么说这样的话？现今天下已定，谁敢再有异心？"宋太祖道："你们自然没有异心，但是欲富贵的部下一旦将黄袍加在你们身上，你们虽想不干，能行吗？"石守信等人这一下可吓得不轻，急忙向皇上讨教解救之法。宋太祖便说道："人生在世，就像是白驹过隙，所谓好富贵者，不过是欲多积金钱，使自己享乐，让子孙不陷于贫困而已。你们为何不解去兵权，出守大州，选择好田宅买下，为子孙立永远不可动之家业；多置歌儿舞女，日夜饮酒作乐，以终天年。朕且与你们结儿女婚姻之亲，使君臣之间，两无猜疑，上下相安，不亦很好吗？"这一用高官厚禄来换取军权的条件，为禁军将领们所接受。次日，他们纷纷称病辞职，宋太祖便解除他们的统领禁军之权，授予他们节度使之职，出镇地方，仅石守信一人保持军职，但已无兵权了。宋太祖一举集中了禁军统领权，而以"三帅"（殿前都指挥使、侍卫马军都指挥使与步军都指挥使）分别统领禁军，并设枢密院直接对天子负责，凡天下兵籍、武官选授及军师卒戍之政令都归枢密院，将统领禁军的三帅统兵权与枢密院的调兵权相分离，遇有战事，临时委派统兵将领，以达到各方面相互牵制而集权于天子的目的。

纵观中国古代社会，历朝开国之君于建立政权后，往往以杀戮立威，即大杀功臣战将，来树立自己绝对的天子权威。著名者如汉高祖刘邦、明太祖朱元璋即是。唯有宋太祖反其道而行之，杯酒释兵权，让功臣战将自己交出兵权，卸甲归田，乐享天年。宋太祖于谈笑间解决了历朝开国之君都深感棘手的难题，使宋代君臣得以相对平安相处，对整个宋朝较为宽松的政治环境的形成起着重要的作用。

宋太祖随后着手削弱地方节度使的势力，乘一些节度使朝见之机，再次设酒相劝，让他们交出兵权。当时，由后周任命的拥州兵割据的异姓王和带相印的方镇不下数十人，宋太祖于963年（乾德元年）后，采用赵普的建议，或借故将他们调迁，或令其遥领他职，或当他们死时不再使其子孙袭职，而逐步任命文臣知州，使节度使成为无权的虚衔。宋太祖认为："五代时方镇残虐，百姓深受其害。今天选用儒臣百余人分治大藩，纵然都去贪污，其所造成的危害亦不及武将的十分之一。"此后军中也多用文官，至宋太宗时逐渐成为定制。987年（雍熙四年）太宗正式下诏曰"文臣中有武略知兵者许换武秩"，将武将调离军职，并利用宦官领兵或监军，进一步强化君主对军队的控制。

宋初，五代留下的士兵有几十万人，老弱病残者很多，宋太祖认为"兵在精不务多"，为增强战斗力，大力整顿军队，将禁军中老弱退至诸州，设"剩员"处理，仍给兵俸；同时下令各州选拣精壮士兵升为禁军，此后又选强壮士兵作为"兵样"，令各州按兵样选拔士兵，送京师充禁军。此后多次选拣各地精兵为禁军。这样既加强了中央禁军，又削弱了地方兵力。经过多次选拣淘汰，宋初禁军约有20万人，10万驻扎京城，10万分守各地，使京师禁军足以控制外地驻军，合外地驻军而能抵挡在京禁军，这称作"内外相制"。宋代地方军队称"厢军"，由各州府长官统领，不再训练，只服杂役，成为不能作战的役卒。由此全国的兵权都集中于皇帝一人，使中央控制地方、皇帝驾驭将领的能力大增，朝廷指挥地方"如身使臂，如臂使指"，再也无各地方镇跋扈之患，而五代习见的禁军将领更换天子、地方反抗中央的局面，终由宋一代基本不再出现。

宋太祖在收地方兵权同时，为制止割据、集权中央，对地方官制也作了重要改革。唐末五代时，各地节度使割据一方，兼领数州，称"支郡"。节度使多命亲信执掌关市税收，不便于商贸，且加强了方镇的经济实力。针对此，宋朝在统一天下过程中，逐步取消支郡，各州直隶京师，以强干弱枝，分方镇之权，尊崇王室。至977年（宋太宗太平兴国二年），宋境内各州都直属京师，不再有支郡。宋代在取消支郡、设立直隶州的同时，在知州之外，另设州通判一职。通判既非知州的副贰，也非属官，可直接向皇帝奏事，有权与知州共同处理州事，并监督知州的行动，大大限制了知州的权力。为避免地方权大难制，宋朝以京朝官出任知州、通判，一般不用武将，3年一换，使其无法专权。同时，宋太祖还直接任命京朝官知县事，使朝廷权力一直控制到县一级，从基层削弱州镇势力。

唐末五代藩镇之所以能割据一方，重要原因之一就是掌握着地方财经大权。他们占有地方财赋租税，名曰"留使""留州"，上供朝廷者甚少，且直接控制各地场院，厚敛取利。财利分在各镇，是方镇强盛、中央衰弱的根源之一。

964年（乾德二年），宋太祖下令各州每年赋税收入，除地方支用外，钱帛之类全部运送京师，不得占留。次年，初置诸路转运使，主管一路财政税收和水陆转运，其后权力扩大，也兼管刑法和民事。宋太宗又规定转运使要轮流入京奏事，报告各地情况。于是地方财利全归中央，州府官员不得签署钱谷之籍，使朝廷财力雄厚，而地方州府没有钱财储备，中央控制地方的能力大为增强。

宋初，为适应中央集权需要，在收兵权与地方权力的同时，宋太祖又对中央行政机构及其权限进行调整，于中央实行中书（政事堂）和枢密院（合称二府：政府、枢府）对掌文武"二柄"的制度。宋沿唐制，设尚书、门下、中书三省，仅中书设于禁中，称政事堂，其长官为宰相，以平章事、同平章事为名。当时独用赵普为宰相，为防止赵普擅权，又设副相，名参知政事。掌国家军务的枢密院，其长官名枢密使或知枢密院事，副长官名枢密副使或同知枢密院事，资浅者名签书或同签书枢密院事。参知政事和枢密院长官通常称为"执政"，与宰相合称"宰执"。

宋朝又于中央设总理财政的三司，其长官名三司使，称"计相"，地位仅次于执政。三司号称"计省"，下设盐铁（掌工商收入及兵器制造等事）、度支（掌财政收支和粮食漕运等事）、户部（掌户口、赋税和榷酒等事）三部，其重要性仅次于二府。

此外宋朝又设学士院，有翰林学士数人，为皇帝起草各种诏书，并侍从天子"备顾问"，可直接就国事向皇帝进言；设审官院任免少卿监以下京朝官；设审刑院作为国家最高刑案复审机构；另设御史台、谏院司掌百官监察。这些官司大多直属于天子。

从宋初中央官制变化中可清楚看出，相权遭到不断地削弱，不仅军务、财政大权已被分析而出，连中级官员的任免管理、刑案最终复审等，也都直接受命于天子，由此皇权专制统治大为强化。

宋初在旧有官制外新设很多机构，增设许多新官职，使原来的三省六部九寺五监等官署大多成为闲散机构，其正式官员，除非特有诏旨，不管本司事务。因此使宋朝官职名称与实际职务相脱离：官职名只用来表示官位和俸禄的高低，故称为寄禄官，简称官；职，也称帖职，用来作为文学之臣的荣誉衔；而官员担任的实际职务，称差遣，也称职事官。官、职、差遣分离，是宋朝官制中特有的制度。这一制度的实施，较好地满足了宋初强化中央集权统治的需要，但也逐渐使官僚机构变得空前庞大，冗官充溢，层次重叠，办事效率极低，最后积重难返，使国力不强，士气不振，形成很严重的政治危机。

《宋史·文苑传序》言：宋太祖开国，"首先擢用文臣，而渐夺武臣之权，宋代的尚文风气，实开始于此"。即出身行伍的宋初开国皇帝深知可以在马上得天下却不可以在马上治天下的道理，认为"王者虽以武功克定天下，但终须采用文德致使国家治理"，从而确定"兴文教、抑武事""以文教化成天下"的治国方略，在其处心积虑地抑制藩镇、武将权势以加强中央集权的同时，制定相应官制以优待文臣，明确宣称"宰相需用读书人"，由此削弱武夫势力，扭转了唐末以来重武轻文的社会风气，取得了很大的成功。

宋太祖在强化中央集权的同时，开始了统一天下的战争。在此之前，面对五代十国四分五裂的分裂局面，后周世宗就已开始进行统一战争，制定了先易后难、"先南后北"的统一计划：先取南唐，再定岭南、巴蜀，南方既平，幽州（今北京市）可传檄而定，最后再攻取北汉，一统天下。但因形势的变化，周世宗于攻取南唐的长江以北地区后，就调头北征契丹占领的燕云十六州（今北京市和河北、山西两省的北部地区），收复了瓦桥、益津、淤口三关（今河北霸州一带），只是因为周世宗急病而死，才功败垂成。此时，宋太祖根据南北力量对比，决定依照周世宗曾施行的"先南后北"的统一战略，分派众将驻守北边和西北各州，以防御契丹和北汉，而专力向南方进取，密切注视南方各国政治动向，积极寻找合适的突破口，以逐个消灭各割据政权。

962年（建隆三年）九月，割据湖南的武平节度使周行逢（？—962）病死，其子周保权（952—985）继位，盘踞衡州（今湖南衡阳）的大将张文表起兵反周保权，攻占潭州（今湖南长沙），并准备向周保权所在的朗州（今湖南常德）进攻。周保权一面率军抵抗，一面遣使向宋求救，正好给了宋朝出兵的借口。同年，以江陵（今属湖北）为统治中心的小国南平（也称荆南）统治者高保勖（924—962）病死，其侄高继冲（943—973）继位。南平地处南方各割据国中间，国势衰弱，有兵不过3万。宋太祖审时度势，决定假道南平，攻取湖南，一举平定荆湖。次年初，宋军向荆湖进发。对是否同意宋军的过境要求，南平内部进行了激烈的争论，但都束手无策，犹豫不决，而宋军已迫近江陵。高继冲被迫出城15里迎接，而宋军前锋直入城中，分据要害，布列街巷，兵不血刃，迫使高继冲奉上州县图籍降宋。此时，湖南周保权军已攻杀了张文表，便拒绝宋军入境。宋军就转战而进，占据潭州，在澧州（今湖南澧县）大败湖南守军，攻下朗州，擒获周保权，湖南州县次第平定。宋军首战得胜，占有了荆湖要地，可西逼后蜀，东胁南唐，南取南汉，在战略上处于极为有利的地位。

割据四川的后蜀也算是一个强敌，但后蜀国王孟昶（919—965）却疏于国事，追求奢侈荒淫生活，使后蜀政治混乱，此时得知宋军攻占了荆湖，十分惊恐，便派遣间谍交通北汉，约盟联合攻宋。宋太祖平荆湖后，就策划西取后蜀，并绘制了详细的后蜀地图，制定了进军路线和周密的作战方略。因此当宋太祖截获后蜀给北汉的蜡书（密信）后，就大笑说："我西讨有理了。"964年（乾德二年）十一月，宋廷派兵6万，分道伐蜀：一路由王全斌（908—976）、王仁赡（917—982）率领，从凤州（今陕西凤县东北）南下，攻打四川北边门户剑门（今四川剑阁）；另一路由刘光义（929—987）、曹彬（931—999）率领，从归州（今湖北秭归）沿长江西上，直入四川东大门夔州（今重庆奉节东）。后蜀孟昶闻听宋军来攻，命知枢密院王昭远（944—999）率蜀兵仓促拒战，结果在剑门一触即溃，王昭远亦被宋军俘获。宋军直逼成都（今属四川），孟昶出降。东路宋军也连克四川东部各州军，来到成都城下。宋从出师至灭后蜀，前后只用了66天。

建都广州（今属广东）的南汉，因久无战事，"士兵不认识旗鼓，人主不知道存亡"，通过暴征横敛、严刑峻法来维持统治，人心愤怨。宋灭湖南后不久，攻下了南汉的郴州（今属湖南），从俘获的南汉内侍处得知，南汉主刘鋹（943—980）荒淫无道，国内宦官当权，政治极度黑暗混乱。但宋太祖因正集中兵力灭后蜀，无暇南顾。970年（开宝三年）九月，宋廷以潘美（925—991）为帅，领兵南讨。宋军一举攻下贺、昭、桂、连（今广西贺州、平乐、桂林，广东连州）数州。败报频传，刘鋹却对左右侍臣说："这些州本来是湖南地，宋兵得此即已满足，不会再南来。"但出乎其意料，十一月，宋军攻拔韶州（今广东韶关），打开了南汉的北大门。次年正月，宋军攻占英州（今广东英德）等地，直逼广州。刘鋹将妃嫔和金货宝物分装10余艘海船，准备到海岛上去避难，却被宦官将船盗去。南汉残兵据江抵抗，又大败。刘鋹便下令焚烧府库宫殿，出城投降。南汉灭亡。

南唐是南方诸割据政权中势力较强的一个，并颇有平定中原之志，但自周世宗攻取其淮南14州后，国力大减，此时面对强大的宋朝，企图通过向宋屈服以求自保。宋朝建立后，南唐即遣使送上大批金帛祝贺。李煜（937—978）即位后，仍每年向宋朝贡献金银锦绮玩物，宋朝每次出兵，也都遣使犒军。宋灭南汉后，又与割据浙江的吴越钱氏政权结成同盟，使南唐处于宋军的包围之中。李煜被迫上表宋朝，自动削去南唐国号，称江南国主。但有"一天下"之志的宋太祖是不可能容忍这一割据政权长久存在的。974年（开宝七年）九月，宋太祖以曹彬、潘美为统帅，发兵10万伐江南。此前，宋军已在荆湖监造了数千艘战舰，因此曹彬自荆南发战舰，沿长江东下，连败南唐军队，直抵金陵（今江苏南京）西南重要渡口采石矶（今安徽马鞍山西南）。此时有人建议在长江上架一座浮桥。宋军就用大战舰首尾相连，在长江上建造了第一座浮桥，使江北宋军顺利过江。南唐君臣看到宋军的举动，认为长江自古无桥，讥笑宋军是在作儿戏，很不以为意，及发觉浮桥成，国都金陵已被宋军团团包围。当时吴越军队自东夹击南唐，攻克常州（今属江苏），在润州（今江苏镇江）与宋军会合。深处重围的李煜大为惊恐，连忙派大臣徐铉（916—991）到开封，恳求宋太祖缓师，说南唐以小事大，如子师父，未犯什么罪。宋太祖按剑厉喝道："不须多言！江南亦有什么罪，只是天下一家，卧榻之侧，岂能容忍他人酣睡啊！"徐铉惶恐而还。李煜只得急调驻守上江的朱令赟（？—975）率军入援。朱令赟号称统兵15万，自湖口东下，但在皖口遭宋军阻击，全军覆没。南唐最后一支有生力量被消灭，金陵旦夕且破。宋太祖为了保存江南财富，严令曹彬，宋军入城，不得杀掠。975 年（开宝八年）十一月，被围已一年的金陵城被攻破，李煜奉表出降，被俘到开封。

南唐灭亡后，南方割据政权仅剩下吴越和割据福建漳、泉两州的陈洪进两家。976 年（开宝九年），宋太祖要吴越国王钱俶（929－988）到开封相见，允诺入朝后仍可回杭州（今属浙江）。二月，钱俶带领妻子至开封，宋朝大加款待，两月后放他回去。临行前，宋太祖交给钱俶一个包裹，里面全是宋众臣请求扣留钱俶的奏章。钱俶明白宋廷是不会让吴越长期存在，只是想让钱俶自动纳土而已。割据漳、泉一带的陈洪进，人少势弱，为对付吴越和南唐的吞并，曾主动与宋联络，被宋廷授任节度使。待南唐灭亡，吴越入朝，陈洪进更为孤立，便也请求入京朝见。不久宋太祖死，其弟宋太宗继位，继续着宋太祖未竟的统一大业。978 年（太平兴国三年），陈洪进亲至开封朝贡，主动献出漳、泉二州土地。史称陈洪进"纳土"。此时，再次入京的钱俶被宋太宗留下不遣。钱俶感到，离开家国千里，已在他人掌握之中，只得把吴越 14 州土地献给宋朝。史称"吴越扫地"。宋廷为表彰钱俶忠诚，封他为淮海国王，其子弟多人授官，受到特别礼遇。至此宋廷完成了统一南方诸国的任务，将主要兵力转向北方的北汉和契丹。

北汉土地狭小，出产微薄，靠契丹的支持才得以立国。968年（开宝元年），北汉国内因王位继承问题发生变乱，宋太祖认为有机可乘，两次遣军出征，都因契丹增援而无功而返，但北汉也因此更凋敝不堪，实力大为削弱。979年（太平兴国四年），解决南方割据政权后，宋军再次进攻北汉。是年初，宋太宗集中兵力，派潘美等将领分四路进攻太原，把太原围得水泄不通。宋廷吸取以往失败教训，特派勇将郭进（922—979）驻扎在白马岭，击溃契丹援军，契丹大将耶律敌烈败死。四月，宋太宗亲至太原城下督战，筑起长围，断绝太原城中一切物资供应。五月，北汉主刘继元计穷力竭，开城出降。至此，军阀混战、政局动荡、生灵涂炭、民不聊生的五代十国历史全部结束。

宋太宗灭北汉后，想乘胜进攻契丹，收复被契丹占领的燕云地区，但大败而归。数年后，宋太宗再次大规模北征，依然未能得手，且宋军被契丹军队打得惨败，损失惨重，使宋太宗锐气尽失，从此不敢北向争锋，而对契丹采取守势，专力加强国内的统治。

宋初，自963年宋太祖出兵荆湖，至979年平定北汉，前后用了16年时间，成功地结束了唐末五代时期分裂局面，这并非只是由于宋太祖兄弟的个人军事才能，更是取决于人心的向背。人民久已厌恶战乱，渴望和平、统一全国。而南方与中原地区经济联系的发展，也要求消除成为障碍的割据政权。连诸割据政权中一些思路清醒的大臣都已敏感地觉察到了。如后蜀宰相李昊（892—966）曾对孟昶说道："我看宋朝立国，不同于后汉、后周，一统海内，就在此朝吧！"南汉国内也有官僚对刘鋹说："天下动乱很久了，动乱久了必定统一。现在宋朝已出现，势必一统天下。"宋初君臣顺应历史潮流，从而较为顺利地结束了割据战乱，奠定了赵宋王朝延续 300 余年的基础。

从"金匮之盟"到"烛影斧声"

"金匮之盟"与"烛影斧声",是宋初历史上两大疑案,宋代文献中的有关记载不仅语焉不详,而且相互矛盾。在历代学人的努力下,这两件疑案的真相虽依然难以完全明了,但已可一窥大概。要介绍这两件对宋朝政治影响极为深远的疑案,不得不先从宋太祖的母亲杜太后说起。

宋太祖之母杜太后(902—961),治家严格而又有法度,生有5个儿子,长子与幼子早死,次子即宋太祖赵匡胤,三子赵光义,四子赵廷美(947—984,原名匡美)。杜太后很有见识,闻听陈桥兵变的消息后说:"我儿素有大志,今日果然如此!"960年(建隆元年)二月,宋太祖尊其母为皇太后,率家人、众臣朝拜庆贺,但杜太后却黯然不乐。左右侍从很不理解,问道:"我们听说'母以子贵',今天您儿子贵为天子,您为何不快乐?"杜太后回答:"我听说皇帝难做,天子身在亿万百姓之上,如若治国有道,则十分尊贵,如若治理国家失败，就是想当个普通百姓也不可能，这就是我所担忧的。"对母亲提醒自己要居安思危，宋太祖大为敬佩，此后杜太后对国事处理的意见，也往往得到宋太祖的重视。

宋初君臣为避免宋朝成为五代之后第六个短命王朝，常常探讨前朝灭亡的教训。杜太后认为后周灭亡的主要原因，就在于周世宗将皇位传给幼子，使群臣之心不附。她严肃地告诫宋太祖道："如若后周有年长之君，你怎能得到天下！"由此商定宋太祖"百年"之后传弟，并记载于文书，藏于禁中金匮，命谨慎可靠的宫人保管。后人将此约定称作"金匮之盟"。对于这"金匮之盟"，后世或认为确有，或认定是后来伪造的，聚讼至今。但就是认定"金匮之盟"为真的有关记载，在其细节上也是错互参差，各不相同。

首先是"金匮之盟"订立于何时？宋代大多数记载认为是在 961 年（建隆二年）六月杜太后临死之际。杜太后临终嘱咐在病榻前侍奉的宋太祖："你和光义都是我所生的，你以后应当传位给你的弟弟。四海至广，能立年长之君，是社稷的福气。"宋太祖一口答应。于是杜太后就向侍从在一旁的赵普说："你也要记住我的话，不可违背！"赵普便即刻起草誓书记载此事，并在纸尾写上"臣普记"3 字以示慎重。但署名为宋初王禹偁（954—1011）所撰的《建隆遗事》却说此盟约订立于杜太后康健之时：某日宋太祖率领皇弟、皇子、皇侄和公主等宴会于杜太后处，酒席中，杜太后与宋太祖诸人约定，宋太祖死后传位赵光义，赵光义死后传位赵廷美，此后再传位给宋太祖之子赵德昭（951—979）。随即令翰林学士陶谷起草誓书，令赵普以此祭告天地宗庙。这就引出相关联的两个问题，即这盟约的订立是秘密的还是公开的？盟约内容规定是仅传位给赵光义，还是要求传位给两位皇弟后再传回给宋太祖的儿子？

关于第一个问题，赵普坚持说盟约是秘密订立的，甚至连赵光义都不知情。但从宋初一些零散记载上看，当时知道盟约内容的大臣应该不少，为此还产生了很严重的政治风波。而第二个问题，实是"金匮之盟"的核心要害，故有关记载就更为纷乱。从日后宋太宗对其弟其侄的态度以及宋太宗之弟、侄不得其死等情况上看，这金匮之盟当要求宋太宗死后传位于赵廷美，再传至赵德昭，而不是赵普所宣称的仅传位于赵光义。从上可见，在金匮之盟这疑案中，赵普是其中一个十分关键的人物。

赵普，字则平，幽州蓟（今天津市蓟州区）人，因策划陈桥兵变成功，深得宋太祖的赏识和信任，初拜枢密使，964年（乾德二年）起独任宰相多年。杜太后对赵普也极信任，让赵光义时与赵普往还，一则向富有吏干的赵普学习治术，二则借以提高和巩固其地位。但从此后事态发展来看，深谙治国之道的赵普对"金匮之盟"实持保留态度。因为自周朝确立王位传子不传弟的制度，已为史实证明是较好的皇位嗣承方式。虽然有幼主嗣位而遭强臣篡夺之事，但传弟更容易引起皇室内部的血腥争斗。所以赵普当政时，对赵光义多加压制。杜太后死后的次月，赵光义被授任开封尹、同平章事。五代时期，继位者一般都先封王，任开封尹，如周世宗柴荣即位前就以晋王兼开封尹。所以此时赵光义隐然有继位者的地位，但赵普还是设法让宋太祖免去赵光义殿前都虞候一职，解除他的兵权。此后，随着赵光义的势力扩大，其与赵普的矛盾不断加深。而赵普因专权太过，引起宋太祖的不快，也招致同僚的忌恨。973年（开宝六年），宋太祖对赵光义势力增大有些不放心，于是赵普进密奏反对赵光义嗣位，但此事却被翰林学士卢多逊（934—985）窥知而加以揭露。宋太祖此时并无违背母志的决断，又对赵普平日专权太过有所忌疑，故乘势于八月罢免赵普宰相一职，令其出任河阳三城节度使、同平章事。九月，一直受赵普抑制的赵光义即封为晋王，位居宰相之上，完全确立了皇位继承人的地位，卢多逊也升任参知政事，得以重用。

赵普被贬，为赵光义继位扫清了道路，影响重大。赵光义继位不久，就曾对左右侍臣说过："如若赵普还在中书当政，朕也不得此位。"果然赵普出朝仅过了3年，就发生了"烛影斧声"之变，赵光义如愿以偿，登上了帝位。

　　"烛影斧声"之变，宋代正史中没有记载，南宋史学家李焘《续资治通鉴长编》据野史删修记录其大致经过如下：976年（开宝九年）十月二十日夜，宋太祖病重，召晋王赵光义嘱咐后事。所有内侍皆不得入殿闻听，只是远远看见烛光影下，赵光义时时离开座位，像是逊避推让一样，稍过一会，传出宋太祖用斧柄敲击地上的声音，宋太祖并大声对赵光义说："好好做吧！"赵光义出宫，宋太祖解衣而睡。次日凌晨四更，宋太祖驾崩，皇后宋氏遣宦官王继恩（？—999）去召宋太祖的次子赵德芳（959—981）进宫。不料王继恩却直接来到赵光义的府第，引赵光义入宫。宋皇后一见来的不是赵德芳，而是赵光义，心中害怕，急呼道："我母子的性命皆托于官家！"赵光义回答："共保富贵，不要担忧。"二十一日，赵光义登基为帝，是为宋太宗。

　　这一段由宋人所撰的记载还是含含糊糊，闪烁其词。而明人所撰的《宋朝记事本末》说，宋太祖死时，宋太宗正在现场。《辽史》记录宋太宗即位之事用的是"自立"二字。因此后人怀疑宋太祖之死，是宋太宗弄了手脚。这即是史书上所载的"烛影斧声"之谜。

宋太宗即位后，大赦天下，宣示要秉承先帝制度规矩，以安人心；同时又封弟赵廷美为齐王，接任开封尹，宋太祖之子赵德昭为节度使，封武功郡王，赵德芳为节度使、同平章事；并诏令宋太祖、赵廷美的子女并称皇子、皇女，以示对兄弟3人的后代一视同仁。宋太宗对赵廷美的安排，似乎也昭示世人，赵廷美将成为其继位人。如此处理，一时倒也相安无事。

979年（太平兴国四年），宋太宗亲征河东，灭了北汉，决定乘胜进攻幽州，不想在幽州城西高梁河，宋军被辽军击败，宋太宗连夜逃遁，与三军将士失去联络。于是军中有人密谋推举正在军中的赵德昭为帝，随即因得知宋太宗的下落而作罢。宋太宗不久知道了这件事，发觉宋太祖的影响极大，而赵德昭的存在给自己的权位造成严重的威胁，所以心中非常不乐。因为宋军这次北伐先胜后败，宋太宗深感恼怒，所以对平定北汉有功的将士也不颁发奖赏。赵德昭因此劝说宋太宗，不料宋太宗听后勃然大怒，训斥赵德昭道："待你自己做了皇帝后，再赏他们也不算晚。"赵德昭一听，便明白自己已不为宋太宗所容，回去后就自刎而死。对于赵德昭之死，宋太宗可以说是喜悔交加，喜者自不用多言，悔的是逼死侄子的恶名毕竟不佳。为挽回影响，宋太宗追赠赵德昭为中书令，封魏王，随即颁发平定北汉的赏赐，进封齐王赵廷美为秦王。

过了一年多，宋太祖次子赵德芳死，追赠为中书令、岐王。赵德芳的死因，史书上没有记载，可以说是死得不明不白。赵廷美眼见两个侄子如此死法，心中大为不安，而宋太宗对赵廷美的猜忌也日重。

此时赵普的日子也不好过，很受宋太宗的忌恨，并遭到宰相卢多逊多方压抑，卢每每向宋太宗进言说赵普当初反对宋太祖传位给弟弟。为了避祸，赵普便主动提出解除节度使一职，留住京师，而郁郁不得志。981年（太平兴国六年），多疑忌刻的宋太宗准备置赵廷美于死地，故宋太宗的心腹柴禹锡（943—1004）等人告发赵廷美骄恣，将有阴谋窃发。但此时宰相卢多逊却与赵廷美相交密切，于是宋太宗决意重新启用赵普这位元老重臣，欲借助他的声望和影响，来帮助自己铲除赵廷美的势力。而赵普因身家性命岌岌可危，也极想与天子修复关系以摆脱困境，便打出"金匮之盟"这张王牌，改变初衷向宋太宗表示效忠，以求东山再起。当时宋太宗还曾向赵普咨询传位给赵廷美的可行性，但遭到赵普的坚决反对："先帝已错，陛下不得再错。"大合宋太宗心意。因此这时出笼的所谓"金匮之盟"，已无传位两位弟弟及再传宋太祖之子的内容，而仅说传位于赵光义一人了。是年九月，宋太宗复拜赵普为首相，主持政务。赵普为减小剪除赵廷美势力的阻力，曾讽喻卢多逊主动辞官，全身而退，但卢多逊对自己所面临之危险并没有充分的意识，恋栈不去。

982年（太平兴国七年）三月，有人告发赵廷美欲乘宋太宗泛舟金明池之际作乱，于是赵廷美被罢去开封尹，授西京留守。不久，赵普获得卢多逊与赵廷美相互交通勾结的证据，卢多逊下狱伏罪，被削夺官爵，流放崖州（今属海南），赵廷美被勒归私第，其儿女不再称皇子、皇女。赵廷美的秦王府官吏和卢多逊的亲信都或贬或诛，遭到彻底的打击。随后知开封府李符（926—984）又说赵廷美心怀"怨望"，不宜居住京城附近，宋太宗便降赵廷美为涪陵县公，房州（今湖北房县）安置，并派亲信官员就近监视。赵廷美在房州，忧虑惊恐成疾，至984年（雍熙元年）正月病死，终年38岁。惯会演戏的宋太宗如愿听到赵廷美的死讯，一面追封赵廷美为涪王，谥曰悼，一面却又呜咽流涕地对宰相说道："赵廷美自小就刚愎凶恶，但因为他是自己兄弟，不忍置于法，稍施薄责，再推恩复旧官爵，不想他就此死了，真是悲痛啊。"但同时又表示赵廷美的母亲不是杜太后，而是自己的乳母耿氏，以此掩饰自己逼死亲弟弟的恶名。宋人对此也不好多说什么，但后世人们就一针见血指出其实质，如元人陈世隆说："这是宋太宗一时的门面话，以遮饰其谋杀廷美之事实。"

由上可推知，所谓"金匮之盟"并不如一些学者所言，是完全由赵普凭空虚构的，而当是真伪相杂的。认为"金匮之盟"为伪造者说：杜太后死时，宋太祖35岁，其子赵德昭已11岁，杜太后怎能预计宋太祖死时，赵德昭仍是幼童，而"国有长君"又从何谈起？并认为这是"金匮之盟"的致命破绽。这从常规上说确实有理，但考虑到宋初这一特殊时期，其情况就非如此简单了，当时时局危殆，危机重重，且五代时天子猝死于壮年者不少，如周世宗柴荣即是。因此宋朝为避免成为继五代之后第六个短命王朝，对此进行商讨也属自然之事。"金匮之盟"因赵廷美之死而结束，但其影响却仍长久存在。

赵普再次拜相后，宋太宗虽因其忠效之功，而对他比较尊崇，但终有猜忌，以防赵普专权。983年（太平兴国八年）十月，宋太宗罢免赵普宰相职位，命其出任武胜节度使；并在两相三参政的基础上，又命长子楚王赵元佐（965—1027）、次子陈王赵元佑（966—992，后改名赵元僖）、三子韩王赵元休（968—1022，后改名赵元侃）、四子冀王赵元隽（969—1005，后改名赵元份）和五子益王赵元杰（972—1003）等5人同日赴中书视事。于是宰相事权更受到牵制和分割。

宋太宗虽较顺利地解决了"金匮之盟"事件，稳固了其权位，不料在选择继位者上又出现了新问题。宋太宗的长子赵元佐从小聪颖，相貌也像其父亲，所以深得宋太宗的钟爱。赵廷美被贬，本是宋太宗为顺利传子扫清障碍，但赵元佐并不承情，反而为赵廷美求情，遭到宋太宗的呵责。赵廷美冤死后，赵元佐便发狂疾，有一天因诸弟皆参与宋太宗的重阳节宴会，而自己未能参与，就乘醉火烧自己的楚王宫。宋太宗大怒，废赵元佐为庶人，幽居于南宫。宋太宗随即着意于次子赵元僖，授任其为开封尹。赵元僖在任5年，政事没有缺失，不料于992年（淳化三年）十一月因饮食中毒而猝死，终年27岁。宋太宗十分悲痛，无奈只得加紧培养第三子赵元侃，994年（淳化五年）九月，以赵元侃襄王为寿王，任开封尹。995年（至道元年）八月，宋太宗终于下诏立元侃为皇太子，并改名赵恒。997年（至道三年）三月，宋太宗死，曾拥立宋太宗继位的宦官王继恩看到皇太子颇为英明，怕自己权势难保，便与参知政事李昌龄（937—1008）等密谋，欲立已被废的楚王赵元佐。宋太宗似乎已预料到皇位的嗣承不会太顺利，故预先拜"大事不糊涂"吕端（935—1000）为宰相。至此，吕端看破王继恩的计谋，否决了李皇后"立嗣以长"为顺的说法，在吕端的坚持下，赵恒得以顺利即位，是为宋真宗。

北宋王朝皇位继承危机至此终于得以平息，宋真宗之后6位皇帝皆为宋太宗的子孙，而宋太祖后嗣渐渐流落民间，引起人们的不平。于是在南宋初年，"金匮之盟"的余波再次显现，迫使宋高宗选择宋太祖的后嗣作为自己的皇位继承者。

"澶渊和盟" 前后的南北政局

宋太宗荡平各地割据政权后，便着手进行"一天下"之策的第二步，即收复被辽占据的燕云地区，追踪汉、唐盛世功业。但宋朝实行的"一天下"之策，因遭辽的有力反击而未最终达到目的。

以生活于我国东北、北方地区的契丹族为主体建立的辽朝，其建国要早于宋，在辽太祖耶律阿保机（872—926）晚期，契丹势力已南侵至中原北缘。936年，五代后唐河东节度使石敬瑭（892—942）反唐自立，为求得契丹救援，尊辽太宗（902—947）为"父皇帝"，并割让燕云十六州给契丹。具有重要战略地位的燕云十六州既失，使整个华北地区无险可守，门户洞开，而契丹骑兵却可以此为基地，长驱直入中原地区。947年，契丹灭后晋，辽太宗兵入开封，建国号大辽，欲做中原天子，但在中原百姓的坚决抵抗下，狼狈北撤，死于途中。此后辽国内多次发生政变和叛乱，辽世宗

（918—951）、辽穆宗（931—969）先后被杀，政局不稳，国势衰弱。故959年，后周世宗柴荣乘势攻占了益津关（今河北霸州境内）、瓦桥关（今河北雄县旧南关）、淤口关（今霸州东）和莫州（今河北任丘）、瀛州（今河北河间）。宋朝建国后，南北之间发生多起小规模的战争，互有胜负，宋太祖为了实现先扫平南方割据政权的目标，曾主动派人与辽约和。979年（宋太平兴国四年，辽乾亨元年），宋太宗因南方已统一，且其统治已稳定，便出兵进攻辽的属国北汉，于是宋、辽之间和好中绝。

是年四月，宋灭北汉。踌躇满志的宋太宗欲乘战胜北汉的余威，直取燕云地区，建立不世功业，威震天下。但宋军诸将大多认为将士疲惫、粮饷不继而加以反对，可宋太宗不为所动。五月，宋军离太原城北征。当时宋朝君臣都十分骄傲轻敌，宋太宗令北汉宫中妃嫔都随军侍从，而宋军将领也仿效天子，劫掠河北民间女子充军妓，军纪不肃，士气不扬。但由于辽朝守城的汉人将领纷纷开城迎降，所以一开始宋军的攻击还颇为顺利，易州（今属河北）、涿州（今属河北）、顺州（今北京顺义）、蓟州（今属天津）等州县先后降宋。宋军又在幽州城下击溃辽朝守军，乘势将幽州城团团围困。幽州城内一日三惊，危在旦夕，辽南京守将韩德让

（941－1011）率众死守待援。

辽朝先后设有5京：上京临潢府（今内蒙古自治区赤峰市巴林左旗境内）、东京辽阳府（今辽宁辽阳）、南京析津府（今北京西南）、中京大定府（今内蒙古自治区宁城西大明城）和西京大同府（今山西大同）。南京幽州城作为辽朝南面门户和与宋朝抗衡的战略重镇，当然不能轻言放弃。此时，辽朝残虐的昏君辽穆宗已死，继位的辽景宗（948－982）政治较为清明，并经过十余年的休养生息，社会较前稳定，经济实力有所增强。辽南院大王耶律斜轸（？—999）、惕隐（辽朝管理皇族事务的长官）耶律休哥（？—998）统领精兵增援守卫幽州的辽军。面对如此强敌，轻率北征的宋军既缺少充分的准备，又没有对此作出相应的军事部署，反而有违军事常理，屯重兵于坚城之下，围攻幽州城1月有余，却始终未能攻下，造成师老士疲，给予辽军以很好的反击良机。

七月上旬，宋太宗亲督宋军与辽兵大战于幽州城西北的高粱河，辽军不支败退，宋军准备追击，不料耶律斜轸、耶律休哥所率精兵分左右翼杀到，正在后退的辽军也翻身迎击，遭受敌人3路夹击的宋军毫无准备，顿时阵脚大乱，全线溃退，死伤万余人。宋太宗仅以身免，在涿州乘驴车连夜南逃，丧失军械不可计数。在这次战斗中，宋太宗的侍从、妃嫔都陷没于阵中，其大腿上还中了 2 箭，此后每年箭伤都要复发，最终因此而死，成为宋朝帝王心中难言之痛。

九月，辽景宗为报复宋军围攻南京幽州之战，令燕王韩匡嗣（918—983）统兵南征，因指挥失误，辽军在满城（今属河北）被宋军击败。此后宋、辽双方都加强了前线军力，各有攻守，胜败相半。在长期的攻守中，宋、辽两方都出现了一些名将，其中以宋将杨业和辽将耶律休哥最为著名。

杨业（约 928—986），麟州新秦（今陕西神木北）人，原是北汉大将，因英勇善战，号称"杨无敌"；北汉灭亡后，杨业降宋，宋太宗爱其勇敢，释而不杀，拜为代州刺史，守边御辽。980 年（宋太平兴国五年）三月，辽军十万人南攻河东战略要地雁门关，杨业统领麾下数百骑兵，从西陉山路绕到辽军背后，合同宋军主力南北夹击，辽军大败，辽将驸马侍中萧咄李被杀，辽马步军都指挥使李重诲（946—1013）被擒。从此杨业威名远扬，声震北地，辽军将士望见他的军旗，就自动退兵，不敢交手。

辽朝著名战将耶律休哥智勇双全，料敌如神，在与宋军交战中屡立战功，故辽景宗诏令他总领南线辽军。耶律休哥治军有方，每有战功，就让给部下，所以部下都乐意为他效力，耶律休哥同时又很有政治头脑，其镇守南京幽州多年，改革戍兵轮休法，大修武备，发展经济，劝导农桑，并省减赋税，抚恤孤寡，不轻启边衅，戒戍兵不得侵犯宋境，实行休民生息政策，使辽南京地区军备、民力较以前都大为增强。

982 年（宋太平兴国七年，辽乾亨四年），辽景宗死，辽朝大臣韩德让和耶律斜轸受辽景宗遗诏，立年仅 12 岁的皇子耶律隆绪为帝，是为辽圣宗（971—1031），其母萧氏总摄军国大政，尊称"承天皇太后"。承天萧太后（953—1009）小字燕燕，摄政初期，面临着"母寡子弱，族属雄强，边防未靖"的局面。为此宋朝边臣屡屡上书宋太宗，请求乘辽国内政局未稳之机收复燕云地区，得到了宋太宗的允准。宋朝于是积极进行北征准备，并多次遣使臣渡海东去高丽（朝鲜半岛上的一个古国），欲结盟夹击辽国。

高丽王建于 918 年建国，此后接连灭新罗、百济，统一了朝鲜半岛，成为海东强国。辽初，高丽与辽之间有聘使来往，至 934 年，被辽所灭的渤海国世子大光显率众数万投奔高丽，高丽赐其姓王氏，于是辽与高丽绝交，相互敌视。宋朝建立后，面临强辽压迫的高丽积极与宋通好，共御辽朝。所以宋太宗要求高丽在宋军北伐时，同时出兵灭辽。但高丽只想通过结交宋朝以自保，却无攻辽的实力和胆量，便对宋朝要求敷衍推诿，不肯出军。

宋朝的意图，承天太后十分明白。承天太后是辽代一位有才略的政治家，倾向汉化，主张革新辽朝政治，对此颁行一系列政策措施，稳定内政，加强边防：一面提拔有"经国"之才的耶律斜轸为北院枢密使参决国政，以耶律休哥为南京留守总管南面军事；一面又大力重用汉官，推进契丹进一步封建化，以强化其统治。辽朝汉官势力由此大为增长，其中以韩德让和韩氏家族最为典型。

韩德让，蓟州玉田（今属河北）人，其祖父韩知古（？—930）在辽太祖时总管汉人事务，其父韩匡嗣官任上京留守、南京留守，摄枢密使等，封燕王，族贵势强。而韩德让为人忠厚而智略过人，明治国之体，喜建功立事，为官甚有声望。辽圣宗即位之初，韩德让任南院枢密使，随即统领宿卫军，恩宠逾常人。韩德让劝说承天太后令掌军诸王贵臣都归私第，不得私相宴会，随机应变，夺其兵权，由此人心安定。据史书记载，承天太后与韩德让还有着特殊的关系。

承天萧太后年轻时，许嫁韩德让，但出嫁前，辽景宗求婚于萧氏，故嫁于皇室。辽圣宗初即位，承天太后因自己缺少姻党援助，诸王掌兵盈布朝廷，虎视眈眈，而韩氏家族世掌军政，恐诸王与其联络，不利于少主，故私下对韩德让说："我曾经许嫁于你，今愿重谐旧好，则当国的幼主，亦即是你的儿子了。"因此韩德让可以随意出入承天太后的营帐，得到异乎常人的宠信：983年（辽统和元年）加兼政事令（宰相），988年（统和六年）封楚王，999年（统和十七年）兼北院枢密使，总知契丹、汉人枢密院事，拜大丞相，晋封齐王，因此位兼将相，总揽辽朝军政大权；两年后赐名德昌，1004年（统和二十二年）赐姓耶律，改封晋王；1010年（统和二十八年）又赐名隆运，列于皇族横帐，特置左右护卫百人。按辽制，这是天子和掌国之皇太后才有的资格，于是韩德让就位在亲王之上，权势仅次于帝后。承天太后在以韩德让为首的汉官支持下，顺利度过辽圣宗初年政局不稳的危机，从而能全力抗衡宋的攻势。

经过几年精心准备，986年（宋雍熙三年，辽统和四年）初，在宋太宗的亲自指挥下，30余万宋军兵分3路北伐：东路为主力，由曹彬等率领，从雄州（今河北雄县）出击幽州，采取缓慢行军的战略，虚张声势，以牵制辽军主力；中路由田重进（929—997）率领，出飞狐（今河北涞源北）道北进；西路由潘美、杨业率领，出雁门（今山西代县北）。宋军最初进展迅速：西路接连攻占了寰州（今山西朔县东北）、朔州（今山西朔市）、应州（今山西应县）和云州（今山西大同）等4

州；中路攻下飞狐、灵丘（今属山西）和蔚州（今河北蔚县）；东路也攻下了新城、固安（今皆属河北）等地。持重而进的宋东路军在中、西两路部队不断取得胜利的影响下，违反既定策略，在粮饷转运已发生困难之时，迅速北进，进占涿州，不久又因乏粮退回雄州；随后宋东路军将士为急于占领幽州以争功，再次北占涿州。在优势的宋军面前，辽将耶律休哥集中兵力坚守幽州，不与宋军正面决战，派轻骑骚扰宋军，抄掠宋军粮道。五月，辽军援兵陆续赶到，辽圣宗、承天太后也亲临幽州前线督战。此时天气渐炎热，宋东路军人困马乏，粮草已尽，无力再进，在涿州待了10余日后，不得已南撤。辽军追击，在涿州西南40里的岐沟关与宋军大战，宋军溃败。曹彬收拾部队夜渡拒马河，耶律休哥引精兵追袭，宋军听说辽军追至，惊恐溃逃渡河，溺死者过半，河水为之断流。宋太宗得悉东路主力军惨败，急令全线撤军，并命潘美、杨业负责掩护云、应、朔、寰4州之民南迁宋境内。此时十万辽军在耶律斜轸的统帅下，进占了蔚州、寰州。在辽大军进逼下，杨业主张暂避锋芒，用偏师出寰州以东，掩护云、朔州百姓南归。但监军王侁（？—994）等坚决反对，指责杨业"逗挠不战"。杨业无奈，率军迎击辽军，但要求潘美、王侁伏兵于朔州南的陈家谷口接应。耶律斜轸闻知宋军前来，预设伏兵，杨业接战大败，且战且退，七月初至陈家谷口，不料潘美、王侁已先临阵退兵，杨业所部陷入重围，部下大都阵亡，杨业也身负数十处创伤，最终被俘，拒不降辽，绝食3天而死。云、应、朔等州守城宋军，听到杨业已死，慌忙弃城南逃。宋中路军田重进也急忙退兵而回，辽军大获全胜。

对于杨业败死之因，由于历代戏剧的传播渲染，已广为人知，即为奸人潘美所害。诚然，作为宋西路军主帅的潘美对此事要负主要责任：既未接受杨业提出的避敌锋芒之计策，在得知杨业战败后不发兵应援，并且擅离陈家谷口要地。可知杨业临死前愤言自己"为奸臣所嫉，逼令赴死"是有一定根据的，潘美遭后世百姓千指唾骂也并不为冤。只是潘美等敢于陷害杨业致死，有其深刻背景。清初思想家王夫之指出宋太宗的为人是："忌大臣之持权，而颠倒在握；行不测之威福，以固天位。"即潘美等敢于诬害浴血奋战的杨业，其根本原因就在于宋太宗忌刻、猜疑。为此，宋太宗为平息人心愤怒而处罚有关官员，但只是重罪轻罚，将潘美贬官三任，王侁除名配金州（今陕西安康）。而且潘美所削的仅是虚衔，仍然是驻节河东的宋军主帅。

宋军全线溃败，结束了宋、辽之间的均势，宋太宗欲收复燕云地区的宏图，经两次北伐契丹的惨败，终于化为泡影，从此宋朝"不敢北向"，将战略进攻转变为战略防御，在河北中部西起保州（今河北保定），东至泥姑海口（今天津塘沽附近），利用原有河川塘泊，加以疏通蓄水，设寨增铺戍守，用以阻止辽军骑兵奔冲。但宋朝的消极防守，并不能有效地抵御辽军的进攻。

辽朝为巩固自己的东西翼安全，西与党项李继迁（963—1004）结好，东遣军进攻高丽，迫使高丽王称臣入贡，然后连年挥戈南下，攻掠宋境内城乡，河北地区满目疮痍。但宋太宗此时十分惧辽，准备与辽和解，因而诏令边地军民面对辽军来侵，只许坚壁清野，不许出兵；不得已出兵，只许依城布阵，不许临阵厮杀。于是被束缚了手脚的宋朝将领就只好得过且过，只有被百姓誉为"二杨"杨延昭、杨嗣等人勇于战斗。

杨延昭（958—1014），为杨业之子，原名延朗，因为避宋朝天子的所谓始祖赵玄朗之名讳，故改名延昭。据《宋史·杨业传》载，杨业共有7子：延昭、延浦、延训、延环、延贵、延彬和随杨业一起战死的延玉。民间传说杨延昭排行第六，故小名"六郎"。杨延昭在杨业生前，每出征必定从行，杨业战死，他被升为崇仪副使。999年（宋咸平二年，辽统和十七年），辽军大举南侵宋境，宋军主帅傅潜（？—1017）胆怯避战，闭门不出，高阳关都部署康保裔在瀛州西南遇辽军主力，兵败被擒。辽军乘胜围攻杨延昭驻守的遂城（今河北徐水西北）。遂城城小无备，辽军在承天太后的亲自督战下，全力猛攻，形势危急。杨延昭率城中军民固守待援。正好当时遇到寒讯，杨延昭灵机一动，命士兵汲水浇在城墙上，一会儿结成坚冰，十分溜滑，无法攀登。辽军无奈，只得掳掠一番后退去。当时人们称赞杨延昭坚守的遂城与另外一位将军魏能（？—1015）坚守的梁门为"铜梁门、铁遂城"。杨延昭因战功卓著，升任莫州刺史、团练使、防御使、知保州兼缘边都巡检使、高阳关副都部署等官职，战斗在抗辽最前线。1014 年（大中祥符七年）正月，杨延昭死于高阳关任所，终年 57 岁。

被后人誉为"一门忠烈"的杨家将，即杨业与他子孙的事迹，在北宋时就广为传播。杨家将中人物与事迹，有的有史实依据，有的只是出自艺术虚构。下面对杨家将中主要人物作一简单介绍：

民间传说佘太君为杨业之妻，但据史书，当作折太君。折太君，府州（今陕西府谷）人，父亲折德扆（917—964）在后周、宋初皆官永安军节度使。折氏一门，终北宋之世，世袭府州职位。折太君善于骑射，勇于作战，曾助杨业建立过战功，并训练婢仆习武，勇谋超过普通士兵。民间传说戏剧中称杨延昭仅1子名宗保，杨宗保之子为杨文广。但宋代史书中指出杨延昭有3子，名传永、德政、文广。杨文广为杨延昭之子，而不是其孙。杨文广（？—1074）字仲容，曾官陕西秦凤路副都总管、河北定州路副都总管和步军都虞候等，长年转战于西北前线，防御西夏进攻，屡立战功。至于杨家将中著名人物如武勇有谋的杨宗保之妻穆桂英、杨家丫头杨排风等人，大都出于小说戏剧的虚构。

1004年（宋景德元年，辽统和二十二年）闰九月，辽圣宗、承天太后在连年南侵未能最终得手的情况下，至此亲率20万大军南下，围攻宋朝北方军事重镇定州（今属河北），来势凶猛。告急边报一夕数至开封，宋廷大震，宋真宗连忙召集大臣商议对策。宰相寇准（961—1023）当即表示："只要陛下亲征河北，仅需五天就可击败契丹。"宋真宗平日夸口说，如辽兵大举入侵，定要亲征抵御，至此却不禁有些胆怯，犹豫不决，想先回宫中再说。寇准明了天子的意图，便激将道："陛下如若还转深宫，则国家大事去矣。请即刻下令亲征。"另一宰相毕士安（938—1005）也赞同天子亲征，但认为需有一段时间的准备方可。如此宋真宗才勉强同意亲征。此时朝中惧敌如虎的大臣甚多，纷纷反对天子亲征，反而劝说天子远去南方以避敌锋。如参知政事王钦若（962－1025）为江西人，便劝宋真宗去金陵，签书枢密院事陈尧叟（961－1017）是四川人，便劝天子去成都。宋真宗于是又犹豫了，再问寇准的意见。寇准明知这主意出自王钦若、陈尧叟，故意说道："谁为陛下出此下策，其罪当斩！现今陛下神武，将帅协和，只要御驾亲征，敌兵自当闻风退去。如敌兵不退，就出奇兵以阻挠其计谋，坚守城池以消耗其力量，敌疲我逸，我方可得胜算。为何要放弃宗庙社稷，到金陵、成都去，使天下人心崩溃，如敌兵乘势深入，那时天下将不保啊！"宋真宗由此明白利害所在，才不再动摇。寇准力排众议，并设法把王钦若调出中央，出镇大名府（今河北大名东），竭力促成宋真宗亲征。

此时前线军情更急。辽军接连攻下祁州（今河北安国）、洺州（今河北永年东）、德清军（今河北清丰西北），直抵澶州（今河南濮阳）北城。在寇准坚持下，十一月，宋真宗终于离开封出征。数天后，宋真宗来到澶州南城。澶州分南北两城相距，中间隔着黄河，河上有船只组成的浮桥相连通。这时又有大臣劝说天子南逃金陵，宋真宗再次动心。寇准得知后，严正地告诉宋真宗说："陛下只可前进一尺，不可后退一寸。河北军民日夜盼望圣驾到来，士气甚盛。如果圣驾回转数步，就会使万众顷刻瓦解，而契丹乘机进逼，那陛下如何能够到达金陵！"禁军将领高琼（935—1006）也固请真宗过河，甚至用鞭子驱赶给天子抬轿的卫兵，促令前行。宋真宗终于在大臣、将领的簇拥下，登上了北城门楼。宋军将士看见天子的黄龙旗，齐声高呼："万岁！"声传数十里，士气大振。

此时宋、辽双方形势的发展，对辽军颇为不利。辽朝原是兵分两路南侵，但西路军在河东境内被宋军击溃，仅东路主力孤军深入，屯兵于敌方坚城之下，犯兵家之大忌。宋军各地数十万兵马已至澶州附近，数量日增，且宋军将士因宋真宗亲临前线而士气大增。而辽军大将萧挞览（？—1004）自恃武勇，率轻骑前至城下视察地形，被宋军弩箭射中额头，当晚伤重而死。萧挞览通晓天文，战功卓著，侵宋之谋，即是他首倡，故他战死，后辽军士气大挫。承天太后在统领大军南侵的同时，就利用宋降将王继忠（？—1023）写信转交宋朝以"约和"。辽起初对和议并不热心，至此形势不利，才急于利用和谈来摆脱困境。

十二月，宋派曹利用（971—1029）到辽军中议和。寇准因形势对宋军有利，不想与辽约和，但有人乘机攻击寇准想借战事提高自己的权势，便不敢再表示反对了。辽人曾对曹利用声言此次进兵目的在于索求五代周世宗时所攻占的"关南地"，遭宋真宗拒绝。但宋真宗为求得辽人退兵，同意满足辽朝在物质方面的要求。曹利用出使前，向天子请示所许银绢之数，宋真宗回答："必不得已，虽许百万钱亦可以。"寇准却召曹利用来告诫道："虽天子有旨许百万之数，但你所许若超过三十万，我必定斩你！"曹利用唯唯而退。几经交涉，双方订立盟约，主要内容为：一，宋、辽维持旧疆，大体以今天津海河、河北霸州、山西雁门关一线为界；双方约为兄弟之国，辽圣宗称宋真宗为兄，宋真宗称辽圣宗为弟，并称承天太后为叔母。二，宋每年给辽银10万两、绢20万匹，称"岁币"。三，双方沿边州县各守边界，边城只能修缮，不得增置城堡及开挖河道，两边人户不得交侵，相互遣送越界逃亡之人等。另外，辽军撤退时，宋不许沿途邀击。澶州古称澶渊，故此次盟约就被称作"澶渊之盟"。和议成，内侍误传所许银绢300万，宋真宗大惊，先是失声道"太多"，接者又说："姑了事，亦可耳。"后来听曹利用报告说仅为30万，不禁喜出望外，特予厚赏，并连连加封。辽军订立和约后迅速北归，脱离危地。而宋真宗也回归东京（今河南开封），并自作《回銮诗》，与群臣唱和，来庆贺"姑了事"的胜利。

"澶渊之盟"是宋、辽双方实力相对均衡下互相妥协的产物。在军事上，宋太宗时两次大规模北征惨败，损失了大量精锐之师，使辽军在战场上处于主动地位。但从经济上看，虽自辽景宗以来，辽朝经济得到很快的发展，然与宋相比较，依然处于劣势，因此辽军虽然在对宋战争中多获胜利，但连年战火，消耗了巨大的财力、物力，也激化了其内在的社会矛盾。由此可见，宋、辽双方都无消灭对方的实力，于是通过订立"澶渊之盟"，结束南北军事对峙，而形成维持百年之久的和平环境。宋、辽约和后，辽人自称北朝，而称宋为南朝，并自认为是炎、黄之后，不愿自外于中国；宋人也认为辽人是中国"赤子"，宋朝君臣也常称辽为北朝。可见当时宋、辽两个政权南北对峙状况，实质是一个国家在特定历史条件下的分裂。

　　"澶渊之盟"的订立，对南北双方社会经济的发展都是有利的。此后，宋朝北方州县得以安定，田野日辟，牛羊被野，户口繁庶，促进了宋朝政治稳定和经济、文化的繁荣。另外宋朝开放对辽的榷场贸易，利用经济优势，赚回大批钱物，以补偿给辽岁币的损失。从辽方看，"澶渊之盟"带来的益处更多。首先辽朝利用这相对安定的和平环境，完成了契丹社会封建化的变革，促进辽朝政治、经济、文化的全面发展。其次，辽朝利用宋朝岁币收入，适当减轻燕云地区的一些赋税，以缓和当地汉民的反抗情绪，平息社会矛盾。再次，辽与宋议和后，再无向南征战的任务，便把兵锋转向其他地区，进攻甘州回鹘及阻卜（鞑靼）等部，降服周邻各族，以拓展疆域，扩大势力。

当时辽北边的乌古、敌烈、阻卜等部，已经发展到父权制的末期，对外掠夺，但由于辽朝正处于强盛时期，有足够力量加以压制，使其发展受到阻遏，不能建立起奴隶制国家。辽朝征服西北各部后，专门设立西北路招讨司和乌古敌烈统军司，负责镇守大漠南北边地各部事务。辽朝通过与宋约和，与西夏结好，征服周邻各部，巩固和扩展了其疆域与势力，进而向西联络大食，以皇族女可老封公主许嫁大食王子，向东进攻高丽，以稳固其东方边境。

高丽虽未应宋太宗的要求出兵进攻契丹，但高丽与宋结盟的现实，实让辽朝担心东境安全。而高丽为自身利益考虑，既不敢贸然结恶于辽朝，但又对辽朝保持很深的戒备之心，故而辽与高丽的关系时好时坏。辽朝至此已无南顾之忧，得以全力对付高丽。1010年（统和二十八年）五月，高丽大臣康肇（？—1010）杀死高丽穆宗王诵（980—1009），立显宗王询（992—1031）。辽圣宗认为此事不能容忍，于八月亲率40万大军出征，康肇率30万高丽军队迎战。十一月，辽军渡鸭绿江，一战击溃高丽兵，生擒康肇及其副将李立。高丽显宗弃边城不守，上表乞降，为辽人所拒。辽军连陷铜、霍、贵、宁等州，直抵高丽都城开京（今朝鲜开城），高丽显宗弃城而逃。辽圣宗入开京，于次年正月大掠焚烧而还。1013年（开泰二年），辽朝遣耶律资忠（约1011年前后在世）使高丽，索取兴化、通城等六州旧地，高丽拒绝，并扣留辽使。1016年（开泰五年）正月，辽将耶律世良（？—1016）统兵再攻高丽，破郭州，高丽将士死者数万人。次年五月，辽枢密使萧合卓（？—1025）率军攻兴化城，失利。1018年（开泰七年）十月，辽东平郡王萧排押（？—1023）等率军10万，与高丽军队大战于茶、陀二河，辽军大败，死伤甚众。次年，辽军又一次聚集大军，准备再侵高丽。连年战争，使高丽不堪重负，只得遣使乞和，贡献方物，送还被扣留的辽使耶律资忠。而辽朝也因连年征高丽，兵力、器械等都有很大损失，故同意高丽的请和。此后，高丽依附辽朝，纳献贡物。

辽承天太后死于1009年（统和二十七年），后一年权臣韩德让病死，辽圣宗亲政。在承天太后、辽圣宗统治下的近半个世纪内，通过变革内政、推行封建化、对外拓展疆域，使辽朝发展至全盛时期，雄踞中国北疆。

"澶渊之盟"订立之初，宋真宗还是很得意的，对寇准也特别尊重。寇准自以为在对辽和战中立有大功，颇为自得，轻视同僚，使同僚颇有不满，其中尤以王钦若为最。王钦若自与辽约和后，又回朝中任职。一天，宋真宗在殿上目送寇准退朝，王钦若乘机向宋真宗进谗言："城下之盟，《春秋》认为是一件耻辱之事。澶渊之盟，实为城下之盟。以万乘之贵而为城下之盟，实在是耻辱呀！"并攻击寇准像一个赌徒，把宋真宗当作赌注，孤注一掷，而置天子于危境，何功之有！宋真宗一听，心中立即生出对寇准的怨愤，便于 1006 年（景德三年）罢免寇准宰相之职，出知陕州（今河南三门峡）；由王旦（957—1017）接任宰相。王旦执政初期，劝说宋真宗无为而治，慎变"祖宗之法"。宋真宗对王旦十分信任，言听计从，政局清明，社会安定。

宋真宗自从听了王钦若的谗言后，深以"澶渊之盟"为耻辱，心中怏怏不乐。善于揣摩天子心理的王钦若深知宋真宗害怕用兵，却假意告诉他说："陛下只要发兵攻取幽、蓟地区（今北京、天津一带），就可洗刷此耻辱。"宋真宗果然认为此策不可行，王钦若于是引入正题："只有封禅可以镇服四海，夸示外国。"封禅是古代天子告祭天地的大典，封指在东岳泰山上筑坛祭天，禅指在泰山南的梁父山祭地。自秦、汉以来，封禅大典，非圣德有为之君、无天地祥瑞昭示不得举行。宋太宗就曾欲封禅，但最终认为不够资格而放弃之。为此，王钦若解释道："天瑞虽不能必得，但也可以人力为之。只要人主深信而崇奉之，明示天下，则与天瑞无异。前代所谓《河图》《洛书》者，就是圣人以神道设教的产物。"宋真宗不禁心动，但担忧持重不苟的宰相王旦反对，王钦若献策说："陛下若以圣意宣谕，他不敢不答应。"宋真宗此后以赐酒为名，暗送王旦一罐珍珠，王旦果然不敢反对了。然而宋真宗对作伪造天瑞一事还是心存疑虑。一天夜里，宋真宗来到秘阁，突然向值夜的龙图阁直学士杜镐（938—1013）问道："古代所谓'河出《图》、洛出《书》'，是怎么一回事？"杜镐是一个质朴的老儒，不明了天子提问的用意，便就事论事地回答："这是圣人以神道设教而已。"此语恰与王钦若所说的相同，宋真宗主意遂决。

1008 年（景德五年）正月初三日早朝，宋真宗慎重告诉众臣说："去年冬天十一月二十七日夜半，朕方欲就寝，忽见寝室中光芒呈现，光芒中现出一个神人，说：'来月宜在正殿中建道场一个月，就会降下天书《大中祥符》三篇。'朕悚然起身，已一无所见。朕自十二月初一就在朝元殿虔诚斋戒，建置道场来恭候神明。今天凌晨，皇城司奏报说有黄帛挂在左承天门南的鸱吻上面，帛长二丈许，卷曲如书卷，隐约有字，大概就是神人所说的天书了。"王旦闻言，即率群臣再拜称贺。为表示虔诚，宋真宗亲至左承天门下，跪受天书。这天书封皮上写："赵受命，兴于宋，付于昚（慎的古体字），居其器，守于正，世七百，九九定。"大意是指宋朝承天应运，天命长久。天书内中有3篇文字，其一是说宋真宗能以至孝至道继承大业，其二谕告宋真宗要清净简俭，其三宣说宋朝祚运久长。其文辞类似《尚书·洪范》和《道德经》。宋真宗命大臣宣读天书毕，即放入金匮收藏，并决定建造规模宏大的玉清昭应宫，来作为供奉天书的场所；同时又遣官员祭告天地、宗庙和社稷；改元大中祥符，大赦天下。

王钦若等炮制天书成功后，遂加紧大造封禅的舆论。群臣多深知皇上的心意，故为自家仕途富贵计，纷纷附和，只有龙图阁待制孙奭（962—1033）对宋真宗坦言："以臣愚昧所知，天从没有什么言语，难道还会有书吗？"天子默然无语。但已被鼓动起来的文武百官、诸军将士、蕃夷部族、僧尼道士、名绅耆旧等2万余人，在宰相王旦带领下，先后5次上书宋真宗，希望天子赶快举行封禅仪式，以应天命。宋真宗从三司使丁谓（966—1037）处得知国库经费丰裕，足够封禅的花费，便正式决定于当年十月到泰山去封禅。六月，王钦若又恰逢其时上奏说，泰山也发现"天书"。宋真宗便再对群臣宣言说："上月朕又夜见神人来告诉说，来月当赐天书于泰山，今日果然如此。上天对朕如此眷佑，朕真惧怕担当不起。"众臣自然又是三呼"万岁"，拜伏庆贺。

十月，宋真宗由庞大的仪卫扈从，兴师动众，走了17天，到达泰山。宋真宗亲登泰山顶举行封天仪式，次日又至社首山举行禅地之礼。典礼完毕，宋真宗接受百官朝贺，并再次大赦天下，文武百官都得以晋官加爵；泰山所在地区官员百姓得到很多赏赐。

世上有很多事是开始容易收尾难。在举国争言祥瑞的气氛下，宋真宗不管是否真心愿意，只得频频外出祭祀神祇。1011年（大中祥符四年）二月，宋真宗车驾西出潼关（今陕西华阴东），渡过渭河，遣近臣祭祀西岳华山，自己前往宝鼎县（今山西万荣境内）汾阴祭祀后土。1014年（大中祥符七年）正月，宋真宗再率百官去亳州（今属安徽）太清宫祭祀道教教主老子。

宋真宗自编自演的"天书"闹剧，虽被众臣佞颂为帝王盛事，但因花费浩大，致使国库财物被大肆挥霍，而埋下隐患：东封泰山花费800余万贯，祭祀汾阴花费120万贯；为安置天书所建的玉清昭应宫，原定 15 年完工，但丁谓勒令工匠日夜施工，7 年修成，有房屋 2610 间，金碧宏丽，十分豪华；各地也因天书降临而大兴土木，修建天庆观等；同时王钦若、丁谓还为制造祥瑞以上应天命，指使各地官员迫令百姓进入深山大量采集灵芝等物品上献等。如此"竭天下之财、伤生民之命"的挥霍做法，也促使了宋廷与官僚们的生活作风由宋初较为朴质向奢侈腐化方向转化。由此引起了社会的骚动不安，也使得官员中的党派之争加剧，并与深宫帝后权力之争相掺杂，而渐趋激化。

王钦若、丁谓因积极配合宋真宗出演天书、封禅闹剧，而大得皇上宠信，王钦若升任枢密使，丁谓官拜参知政事。1017 年（天禧元年），王旦病死，王钦若继任宰相。随着时间推移，官民中非议天书、封禅的言论日多，宋真宗心底颇为忧烦。此时判永兴军（今陕西西安市）寇准因久遭排挤于外，想重新入朝执政，便一反其不信天书的初衷，在其女婿王曙（963－1034）、内侍周怀政（？－1020）的策划下，奏报属下朱能发现天书降在乾祐山中。宋真宗自然颁布诏令迎接天书入内宫供奉，寇准也如愿召来京城，于 1019 年（天禧三年）六月接替王钦若任宰相。史称当时朝野官民都知这天书为伪，只有天子坚信不疑。其实，最初之天书就是宋真宗一手操持的，对寇准所奏报的货色岂能独不知晓？只是想借寇准之盛名来为天书增加可信度而已。寇准拜相不久，就卷入朝中权力纷争。

原来宋真宗即位前为太子时，看上一位刘姓的美人，纳入王府。刘氏（969—1033）之父刘通，是一员武将，随宋太宗征讨北汉太原时，死于途中，故刘氏由家境贫寒的外祖父抚养。她十五岁时，嫁于银匠龚美（962—1021），自四川来到东京开封。龚美时到太子府中做活，因宋真宗想要一个出身四川的美女，龚美便乘势将刘氏送进太子府。宋真宗即位后，刘氏被封为美人、修仪和德妃，极得天子的专宠。1007年（景德四年），皇后郭氏（975—1007）卒，宋真宗想立刘妃为皇后，但遭到众多大臣的反对。1012年（大中祥符五年），宋真宗得到丁谓等人的支持，便决意立刘妃为皇后。刘皇后性敏捷，颇通书史，留心朝廷政事，颇能为天子出谋划策，而为皇上所器重。刘皇后于是渐渐干预朝廷政务。刘皇后因为出身孤寒，就认龚美作兄长，龚美从此改姓刘。刘美自银匠摇身一变成为皇亲国戚，自然有人千方百计前来巴结，如翰林学士钱惟演（962—1034，吴越国王钱俶之子）就将妹妹嫁给刘美为妻。刘皇后的权势由此渐盛。

1020年（天禧四年）夏天，宋真宗得了重病，朝务大多由皇后裁决，宰执大臣寇准、李迪（971—1047）对此十分担忧。当时宋真宗对刘皇后专权也心有不平，便对心腹太监周怀政说："朕此病看来难以痊愈，不如让太子监国，处理国事。"周怀政便将皇上的意思传给了寇准，寇准就乘奏对之机，向宋真宗建议道："皇太子为众望所归，愿陛下以宗庙社稷为重，让太子监国，选择正直大臣作为辅佐。"宋真宗点头同意，寇准即刻出宫让人秘密起草太子监国的诏书。谁知寇准酒后失言，把这秘密漏了出来，为丁谓所知悉。丁谓早先因得到寇准推举引荐，才渐得通达显贵，而官拜参知政事，故对寇准甚为感激。但寇准再次为宰相后，因志趣不同，两人渐生嫌疑。因此之故，支持刘皇后的丁谓对此计谋极力反对，而向刘皇后告发。而病中的宋真宗，此时已全然忘记与寇准的约定，闻言大怒，罢免寇准的宰相职务，改任没有实权的太子太傅，以李迪、丁谓为宰相。七月，周怀政因与寇准关系密切，为丁谓所忌恨，而被阻止接近天子。周怀政非常害怕，便联络一些大臣，企图奉宋真宗为太上皇，传位给太子，制止皇后干预政事，杀死丁谓，重新让寇准为宰相。但事机不密，为人所告发。丁谓连夜化装坐牛车来到同党曹利用家，秘密商议对策。次日，丁谓上奏宋真宗，宋真宗十分震怒，诛杀周怀政，并想废掉太子。李迪从旁提醒说：

"陛下有几个儿子，却要责及太子？"太子为宋真宗的第六个儿子，也是仅存的一个儿子。经李迪一说，太子才没被废掉。丁谓又与刘皇后谋划，揭发朱能伪造天书之事，贬斥寇准出朝，与寇准关系密切的官员也都遭到贬斥。丁谓由此擅权用事，使李迪大为不满，朝中官员为此分作两党，互相争斗，但丁谓得到刘皇后的支持，渐占上风。十一月，宋真宗罢去李迪宰相职务，下诏"自今军国大事仍旧亲自决断，其余政事委太子与宰执大臣参议施行。"太子一再辞让，未被允许，于是太子在资善堂中处理政事。时太子年方11岁，故实权操纵于皇后、丁谓之手。

太子名赵受益（1010—1063），是宫女李氏所生，由刘皇后抚养。自宋真宗病重，朝中百官有的支持刘皇后，有的拥戴太子，斗争十分激烈，参知政事王曾（978—1038）对此很担忧。为化解这一危机，王曾对刘美的妻兄钱惟演说道："太子年幼，没有皇后照顾则不能成长，但皇后不倚重太子，则人心不会附和。因此皇后如若对太子加恩，则太子就得安全，而太子安全，则刘氏也就得以安全。"果然钱惟演把王曾之言转告刘皇后，刘皇后认为很有道理，使她与太子的关系日益亲密，终于度过了危机。

1022年（乾兴元年）二月，宋真宗病死，太子即位，改名祯，是为宋仁宗；刘皇后被尊为太后，垂帘听政，辅佐天子处理国政。当时丁谓交结大太监雷允恭，弄权擅政，专断独行，引起刘太后的不满，便借口丁谓允许雷允恭擅自移动宋真宗的陵墓方位，杀雷允恭，贬斥丁谓，拜王曾为宰相。十月，宋真宗落葬，王曾设法使太后、宋仁宗同意，将那些天书全部陪葬，以警示后世天子莫再玩此闹剧，贻笑后世。

1029 年（天圣七年）六月，金碧宏丽的玉清昭应宫被雷电击中，引起大火，烧了一夜，大部分房屋被烧毁。当时朝野官民大都认为这是天意如此，是上天所降下的警示。由此也可见宋人对宋真宗制造"天书"、东封西祀的真实态度了。

西夏崛起与鼎足之势的形成

唐代末年，居住于今宁夏、甘肃和陕西北部一带的党项族首领拓跋思恭（？—895）因参加镇压黄巢起义，被唐晋封为定难军节度使（治所夏州）、夏国公，并赐姓李氏。这为西夏得号之始。宋初，定难留后李继捧（962—1004）率部族归附宋朝，献银（今陕西榆林）、夏（今陕西靖边北白城子）、绥（今陕西绥德西北）、宥（今陕西靖边西北）和静（今陕西米脂西）五州之地，但李继捧之弟李继迁不愿附宋，率领部分贵族、人马逃入夏州东北的地斤泽（今内蒙古伊金霍洛旗西南），抗宋自立。宋军多次征讨李继迁，俘获其母、妻，夺其牛羊，李继迁处境困难。986年（宋雍熙三年，辽统和四年），当宋军第二次北攻燕云之时，李继迁乘机结援于辽。自北汉灭亡后，宋又与契丹东邻高丽结好，故辽朝颇感自己势力孤单，为抗衡宋朝进攻，很想与西夏结盟。至此，辽圣宗授李继迁为定难军节度使，将宗室女义成公主（？—630）

嫁给李继迁，并赐战马 3000 匹，使李继迁力量大增，成为宋在西边的劲敌。990 年（宋淳化元年，辽统和八年），李继迁攻下宋麟州（今陕西神木）、鄜州（今陕西富县）等地，辽圣宗封他为夏国王，进一步结好西夏。次年，李继迁攻占银、宥二州，宋朝被迫授任李继迁银州观察使封号，赐名赵保吉。但李继迁不久又出兵攻宋，宋朝为此下令禁止夏州青白盐入境，断绝贸易。此后西夏连年寇掠宋朝西北边境州县，几无虚日。李继迁每次侵宋，都遣使告辽，且连年向辽纳贡。996 年（宋至道二年，辽统和十四年），李继迁领兵万余围攻宋朝西北要地灵州（今宁夏吴忠东北）。宋太宗遣兵迎战，授予将领作战阵图，宋军行军列阵都要请示朝廷，行动迟缓，为西夏击败。民夫经沙漠向灵州长途运送粮饷，沿途饥渴困苦，加上西夏军队劫掠，死 10 余万人。灵州处于孤垒无援的境地。次年，宋太宗死，宋真宗即位，因疲于应付，便妥协退让，授予李继迁定难军节度使，管辖银、夏等 5 州旧地，表明宋朝已实际承认了李继迁在西北地区独霸一方的局面。

但李继迁并不满足于宋的妥协，乘宋、辽对峙无暇他顾之机，乘机展开对宋的攻势。1002 年（宋咸平五年，辽统和二十年），李继迁攻陷宋的灵州，改名西平府，作为其政治活动中心。宋朝只得再次遣使议和，把定难军全部割让给李继迁，使党项势力更为壮大。李继迁对宋作战胜利，又把攻掠目标转向西部的回鹘和吐蕃部落，回鹘和吐蕃部落依附宋朝以对抗党项。此前一年，统治西凉府（今甘肃武威）的吐蕃六谷部落长潘罗支出兵助攻党项。1003年（宋咸平六年、辽统和二十一年）十一月，李继迁攻下西凉府，潘罗支伪降。当李继迁出巡时，潘罗支聚集兵马于途中邀击，李继迁负伤败逃，次年正月因箭伤死于灵州。李继迁之子李德明（982—1032）继立，辽封李德明为西平王。

李德明痛感与宋连年作战，给党项发展带来严重困难，人畜大量死亡，且宋已与辽缔结了"澶渊之盟"，形势发展对党项并不太有利，便转而归附宋朝。1006年（宋景德三年，辽统和二十四年），宋朝封李德明定难军节度使、西平王，每年"赐"银万两、绢万匹、钱2万贯，以对辽之法，换取李德明的归附。此后，双方维系了数十年和平局面，使彼此间经济、文化交流得以顺利进行。而党项人摇摆于宋、辽之间，接受宋、辽双方的封号，暗中扩大势力，全力向河西走廊一带发展。1020年（宋天禧四年，辽开泰九年），李德明在灵州怀远镇兴建兴州，作为其新的政治中心。1028年（宋天圣六年，辽太平八年），李德明子李元昊（1003—1048）领兵攻下甘州（今甘肃张掖），又乘胜攻下西凉府，取得了向西拓展疆域的重大胜利。1032年（宋明道元年，辽重熙元年），李德明死，李元昊继位。宋朝封李元昊定难军节度使，袭爵西平王。

党项人通过连年征战，势力迅速扩展，初期疆域"东尽黄河，西界玉门，南接萧关，北控大漠"，极盛时包括今宁夏、陕西北部、甘肃西北部、青海东北部、内蒙古西南部以及新疆部分地区。随着势力的扩展，党项人要求摆脱宋、辽的控制，建立起符合党项历史发展需要的国家。因此李元昊继位后，为建国颁行了一系列措施：

秃发：即推行党项的传统发式，禁止采用宋人风俗结发。改姓：废除唐与宋的赐姓李氏、赵氏，改用党项之姓"嵬名"。立号：废去宋、辽所封的西平王称号，用党项语称"吾祖"（也称兀卒，意为青天子）。建年号：仿宋制建立自己的年号。建都立国：把兴州升为兴庆府，扩建宫城殿宇，为立国作准备。

1038年（宋宝元元年，辽重熙七年）十月，李元昊正式建国号称大夏（西夏），自称"始文英武兴法建礼仁孝皇帝"。

李元昊称帝后，建立了一整套国家制度：仿宋制设置分掌文武官员的中书省和枢密院，下分设诸司处理政务；后又设尚书令，统管军国重事；另设御史台，由御史大夫司掌监察；专任党项人的官职有宁令、谟宁令、丁卢等，其中以谟宁令最为贵显，多由太子、朝廷重臣出任。李元昊又改革兵制：设立10万擒生军，装备精良，成为西夏军队中的精锐；选拔豪族子弟中善骑射者5000人组成侍卫军；各地方军队有固定的驻地，全国共有左、右厢十二监军司，分别统帅部落兵，分区设防。西夏出兵作战，仍保持着一些原始风俗制度，如出兵前各部落首领要刺血盟誓，而李元昊于出征前，仍会率领各部落首领外出狩猎，猎获野兽，环坐而食，共议兵事，择善而从，实为一种氏族社会贵族议事制度的遗存。由于西夏实行兵民合一制度，即平日为民从事生产，战时从军作战，故而西夏军队人数虽较少，但其战斗力与机动性都较强，因而在与宋军作战中占得便宜。

辽朝虽然并不太愿意看到强盛的西夏出现于其西邻，但李元昊建国称帝，与其一贯支持党项以牵制宋朝的政策相符合，故而不加反对。宋朝对此却极为震惊，虽然李元昊仍旧向宋朝进表称臣，请求宋朝册封帝号，但宋廷众臣在内心惊慌、茫然无策之余，却依然众口一词地认为李元昊不过是一个小丑而已，大军一到，即可荡灭。故于次年六月决定下诏削去李元昊的官爵，命知永兴军夏竦（985—1051）兼泾原、秦凤路安抚使，知延州（今陕西延安）范雍（981—1046）兼鄜延、环庆路安抚使，为出兵西夏作准备；随后又派庞籍（988—1063）为陕西体量安抚使，协调夏竦、范雍备战。十一月，西夏进攻宋保安军（今陕西志丹），被宋将狄青（1008—1057）击败。狄青因善于骑射，作战勇敢，而从士兵提升为将校，在与西夏战斗中，每每披发戴铜面具，身先士卒，杀入敌阵，故所向披靡，无人敢当，终成一代名将。此后李元昊不时遣军侵扰宋境，而宋朝驻守西边的军队虽有三四十万之众，但分驻于五路24个军州的几百个寨堡中，平日缺少操练，武备不齐，并且各驻军都直接听命于朝廷，互不联络合作，故面对西夏军队机动灵活的攻击，不免节节败退。

1040年（宋康定元年，辽重熙八年）初，李元昊采取先发制人之法，向宋延州出击。延州处于西夏人出入要地，但宋守军不多，且无良将统领，寡谋少断的知延州范雍由此大为惊恐。此时李元昊派牙校诈降，范雍信以为真，不再设防。李元昊随即围攻保安军，偷袭金明寨（今陕西延安西北），宋金明寨都监李士彬被擒，西夏兵直抵延州城下。范雍闭门不出，急召驻军庆州（今甘肃庆阳城）的部将刘平、石元孙来援。刘、石两将率精兵万余人昼夜兼程，在延州城西的三川口与十万夏兵遭遇。两军对峙，恶战一天，宋军小胜，杀获夏军千余人。黄昏时分，西夏以轻骑迫阵，宋军小却，在阵后督战的都监黄德和（太监）率先领兵慌忙逃跑，引起宋军溃乱，刘平、石元孙兵败被擒。时遇大风雪，李元昊不得已退兵，延州城才幸得不陷落。

败报传入京城，朝野一片哗然，主持兵务的枢密院3位长官全被解职，范雍贬职，黄德和腰斩，褒赠刘平、石元孙官爵；以夏竦为陕西都部署兼经略安抚使，韩琦（1008—1075）、范仲淹（989—1052）为副使，共同负责对西夏事务，范并兼知延州。

当时延州一带宋军数量近10万人，但分属各路部署、钤辖、都监统领。宋廷曾诏令部署统领万人，钤辖领5000人，都监领3000人，遇到敌军来犯，官职低者先出战。范仲淹莅任后，指出："不管来敌人数多少，却按照官职高低为出战先后之序，是致败之道。"故改变此制度，把延州精兵分属6将，每将领3000人，分部教练，视来敌多少而命将出兵抵御。范仲淹还对沿边堡寨作了一些调整，鼎新政务，召集流亡，并注意联络当地少数民族首领，稳定了沿边形势。西夏人对范仲淹颇为敬畏，说："不要侵犯延州，今小范老子胸中自有百万甲兵，不比大范老子可以欺负。"大范老子，指延州前任知州范雍。随着部署的调整，宋军在对西夏作战中取得一些小胜利。韩琦部将任福（981—1041）率轻兵7000人，夜袭西夏白豹城，获得成功，焚烧敌军积聚而还。任福因此战功擢任鄜延路副都部署。宋廷被边界上这些小胜冲昏头脑，决意主动出击西夏。但范仲淹主张谨慎用兵，力主不可轻兵深入，故上奏天子，认为寒冬之际不利出兵，不如在来春天暖时为好。宋仁宗允准，却遭到韩琦的反对，结果朝廷犹豫不决，进退失措。

1041年（宋庆历元年，辽重熙十年）二月，韩琦巡边，闻听西夏大举进犯渭州（今甘肃平凉），兵锋已抵怀远城（今宁夏固原西）下，就急忙赶到镇戎军（今宁夏固原），将全部驻军和招募来的18000名士兵，付任福率领赴援。并以泾原都监桑怿（？—1041）为先锋，钤辖朱观、都监武英、王珪率所部从行。西夏小战即败走，沿途遗弃马牛、物资。任福因得到的谍报说西夏人马不多，所以放松了警惕，派桑怿领轻骑猛追，自己统主力跟进。傍晚，任福与桑怿会师于渭州北面的好水川。此时李元昊自统精兵十万埋伏于好水川口，但任福所得谍报还是说敌军不多，因此虽然宋军因山高路远，后勤不继，人马缺粮草已有3天，但仍约定明天与敌会战。次日，宋军沿好水川西行，绕六盘山，来到羊牧隆城（今宁夏西吉东南）南5里处，发现路边放着好几个银泥盒子，内中有鸟鸣声，宋人不敢轻动，任福走前来看，命令打开，只见

100余只信鸽从盒子中腾跃而起，在宋军上空盘旋飞翔。西夏伏兵见状，呐喊而集，将宋军冲断数截，桑怿等战死。任福自知中计，慨然道："我为大将，兵败，应当以死报国。"挺身决斗而死，宋军大败。西夏军随即全力围攻朱观、武英（？—1041）所部，正好王珪（？—1042）率后军4500人赶到，渭州都监赵津（？—1041）也领骑兵2000余人来援。激战多时，宋军不支败退，赵津、武英、王珪都战死，仅朱观领余兵千余人退守民垣，射退敌兵，后借夜色逃还。

好水川一战，宋军将士死者1万余人，大将多人阵亡，损失惨重，关中大震，民心骚动，韩琦、范仲淹都遭贬职调任的处罚；以陈执中（990—1059）任同陕西安抚经略招讨使。但陈执中与夏竦不和，且同样平庸怯弱，只知死守城池而已。于是西夏乘胜大掠宋沿边军州，攻破延州所属的宁远寨及丰州（今陕西府谷西北），守将战死；西夏又进扰河外要塞麟州、府州。新任并代都钤辖、管勾麟府军马公事张亢（998—1061）见宋禁军已无斗志，便招募役兵袭击西夏兵屯驻的琉璃堡，斩敌兵200余人，西夏兵退去。由于夏竦、陈执中毫无建树，故于十月同罢，韩琦、范仲淹又被起用，以韩琦知秦州（今甘肃天水）、王沿（？—1044）知渭州、范仲淹知庆州、庞籍知延州，分统陕西鄜延、环庆、泾原、秦凤四路 20 余万驻军。驻陕西宋军虽经重新部署，但因武备废弛，兵不能战，故只能维持守势而已。辽朝此时又来趁火打劫，要从大宋身上讨得便宜。

辽朝圣宗死于 1031 年（宋天圣九年，辽太平十一年），其子耶律宗真即位，是为辽兴宗（1016—1055）。辽圣宗的皇后齐天后萧氏（983—1032）为韩德让的侄女，无子，辽兴宗为宫女萧氏（钦哀后，？—1057）所生。辽兴宗即位后，钦哀后自立为皇太后，陷害齐天后，执掌国政。此后，钦哀后准备废除辽兴宗，另立少子耶律重元（1021—1063）为帝。重元把密谋告诉辽兴宗，辽兴宗囚禁钦哀后，一举夺回政权。辽兴宗亲政后，国内无事，经济发展，眼见宋朝被西夏搞得一筹莫展，便屯兵燕、蓟地区，声言南下，并于 1042 年（宋庆历二年，辽重熙十一年）三月派使臣入宋，要求宋朝把后周世宗攻占的瓦桥关以南地区归还辽朝。宋仁宗不敢在对西夏之战未息之时，再结一强敌，且当时宋军也确实无力两面作战，故只得屈辱妥协，遣使臣富弼（1004—1083）等入辽，提出愿意增加岁币议和。经过几番讨价还价，宋、辽于是年闰九月议定，宋朝以后每年增加给辽岁币银 10 万两、绢 10 万匹，岁币称"纳"不称"遗"。宋仁宗迫于无奈，只得屈辱吞下这个苦果。辽朝不发一兵一卒，凭空获取了宋朝增添的大量银绢岁币。

但此时西夏李元昊认为宋朝陕西精兵都部署在沿边州军，关中少备，便计划乘虚而入，东阻潼关，割断两川，夺取陕西，故利用辽朝向宋朝施压之良机，再次发动了大规模侵宋战争。在宋、辽重缔盟约的当月，西夏兵马分两路，合攻镇戎军。知渭州王沿命泾原副都部署葛怀敏（？—1042）率泾原各路兵迎敌，知镇戎军曹英率军来会，行至定川寨（今宁夏固原西北），遭到西夏大军四面围攻。定川寨绝水，不能坚守，宋军只得向南突围而出，但至长城壕（今宁夏固原西北），再次被西夏军包围，葛怀敏、曹英以及16员宋将战死，士卒9000余人，战马600多匹，全部被西夏俘获。西夏军乘胜长驱直下，直抵渭州城下，企图经此东下，但在潘原（今甘肃平凉东）为宋军所败，又闻听范仲淹派军自庆州来援，其占领关中的计划已难以实现，于是就大掠渭州及沿边地区，幅员六七百里之内，房屋遭焚烧，居民被杀掠，破坏严重，陕西大震。然后西夏军退回夏境。

宋军连续损兵折将，损失惨重，处于西夏的严重威胁之中。于是宋廷有人提出，乘眼下刚与辽朝新订盟约之机，用重金贿赂辽人派兵进攻西夏，以解宋朝西边之危。御史中丞贾昌朝（997—1065）对这种饮鸩止渴的短视行为大为反对，上疏指出："近来朝廷因为西夏叛命，急忙择选将领出征，但是士卒平素缺乏训练，这样用经常调换之将领，统率未经训练之士卒，所以每战必败，此是削弱将帅兵权过甚之流弊。何况今天之武将多用亲近恩幸之人，素不知晓兵谋战法，一旦将千万士兵的生死托付给他，简直是置人于死地，这是任用亲近恩幸为将帅的流弊。请求自今以后方镇守臣不要频繁更换，任用将帅要推恩惠，去除猜疑，使其随机应变处理军机事务。"无奈之余，宋仁宗接受了贾昌朝的建议，于当年十一月复置陕西四路都部署、经略安抚兼沿边招讨使，命韩琦、范仲淹、庞籍分领，随后又诏许韩琦等，凡军期不及奏报者，可便宜行事。但宋仁宗并不真想整军决战，故密令知延州庞籍与西夏媾和。

西夏虽然在对宋作战中屡次获胜，但得利不多，又遭宋朝的经济封锁，使国人"饮无茶，衣帛贵"，民怨沸腾，元昊不得已，也有约和之意。一贯支持西夏的辽朝，因借宋夏交战之机，从宋朝索得很大好处，便着意充当宋、夏双方的调停人，向宋转达元昊的求和意愿，并压元昊与宋缔和。于是宋、夏开始议和。1043 年（宋庆历三年，辽重熙十二年）三月，辽朝突然遣使开封，要求宋朝不要与西夏讲和，使宋朝君臣大为惊讶。

原来元昊对辽朝乘宋夏交战之机向宋获取大量利益，反过来却又来压自己罢兵、与宋媾和的做法大为不满，故对辽朝时有不逊之语。当时辽朝与西夏以黄河为界，无城堡可守。处于双方交界地的党项族人，原来属于辽朝管辖之下，但西夏建国后，在西夏的鼓动下，多叛辽附夏，引起辽人的不满。辽朝既已通过屯兵燕、蓟，而不费一兵一卒就从宋朝得到大量岁币，故决定移师西夏，用武力压元昊妥协，因而遣使阻挠宋、夏议和。宋朝君臣不想因与西夏讲和而得罪强辽，故一边对元昊表示，待夏、辽和好如初，再接受西夏的"归款"；一边又告诉辽朝，如西夏向辽道歉，才容许其议和，否则就派兵出讨，想两面讨好，坐收渔利。

1044年（宋庆历四年，辽重熙十三年）五月，辽西南面招讨都监罗汉奴率军讨伐反辽的党项部落，西夏出兵援助，辽兵大败，招讨使萧普达等将领战死。于是辽兴宗决意亲征，大举进攻西夏。九月，辽兴宗命皇太弟耶律重元、北院枢密使萧惠（983—1056）统领先锋分3路出征，与西夏战于贺兰山下，西夏败退。元昊眼见辽兵势盛，便上表请罪求和，并送回叛辽的党项部落。辽兴宗命大臣去河曲受降，但萧惠等辽将却认为大军既已结集，就应进兵讨伐，数路掩击西夏。西夏兵败退，辽军追击，元昊突然率军反击，正逢大风忽起，飞沙走石，辽军士卒大乱，夏军乘机突击，辽军大败而逃，辽驸马都尉萧胡睹（？—1063）等人被西夏擒获。辽兴宗无奈，与西夏和谈，西夏放还所俘虏的辽将，辽朝也放还被扣留的西夏使臣。

宋朝等到辽夏再度和好，于十二月遣使册封元昊为夏国主，夏对宋仍保持名义上的称臣。宋朝每年"岁赐"西夏绢13万匹、银5万两、茶2万斤，另于各节日与元昊生日"赐"银2万两、银器2000两，绢帛、衣物等23000匹，茶1万斤。宋朝通过增加银绢之法换得了北、西两边的苟安，从此形成宋、辽、西夏三足鼎立之势。但这一鼎立局面，是三方力量达到一定均势下的结果，因此，只要其中一方力量有所削弱，战火又会再起。由于三方中以西夏力量相对较弱，故战事主要发生在辽、夏与宋、夏之间。1048年（宋庆历八年，辽重熙十七年），元昊因内乱而被杀，其子谅祚（1047—1068）继位。此后两年，辽朝乘机发兵西夏，企图占些便宜。西夏发兵抵抗，结果先胜后败，被迫向辽求降，依旧称臣。而宋朝虽然承认了元昊建国的现实，但对西夏"蕞尔小寇"竟然迫使"天朝"因屡次战败而向其妥协，心中充满苦涩，每每寻思雪此耻辱。故宋神宗通过变法而使国力增强后，宋、夏之间战火再次重开。

庆历新政的成败

宋初为强化皇权专制而施行的政策措施，其所带来的弊端，在宋太宗晚年时已经显露，而在此时对西夏战争中得以充分暴露，使宋朝出现了深刻的政治、军事和经济危机。宋朝士民对此议论纷纷，提出多种拯救危机的主张，如宋祁（998—1061）的"三冗""三费"说：三冗指冗官、冗兵和天下无数之僧道；三费指道场斋醮之费、寺观宫殿土木之费和大臣罢官后以虚衔领厚俸。为此宋祁建议天子裁减官兵，后宫应节俭，不得妄费。这些主张大都只是就一些表象如官兵冗员、国用不足等进行批评，而对造成此弊端、危机的根源，即宋太祖、宋太宗为强化专制集权而施行的治国方略，并不敢加以非议与变革。其实当时宋朝政治、军事和经济危机，还与日趋激烈的党争交织在一起，故远较一些官员所指出的严重，已严重地威胁着赵宋王朝统治的稳定。

首先在军事上，宋太祖选练禁军成为作战的精锐，数量不足20万，至宋真宗时增加到43万余人，宋仁宗因与西夏作战，不断招募州县兵士补充禁军，使禁军人数激增至82万多，加上各地厢军40余万人，全国军队总计达125万余人，空前庞大。宋朝用来养兵的费用，竟占到全部赋税收入的十分之七八，使宋朝财政危机日益加深。而且此时禁军士卒不识战阵，未曾闻过战鼓，缺少训练，骄惰饱食，不能作战。传说西夏将士听说与自己作战的宋兵为禁军，就额手相贺，以为必胜。而大量厢军只是运输官物和服杂役，靡费钱粮。同时宋初建立的旨在遏制方镇割据的中央集权制度，造成将帅无权、军队缺少训练之弊，而且宋太祖、宋太宗出身行伍，虽自定阵图指挥前线将领作战，依然显得从容自如，但宋真宗以下诸帝，生长深宫，不谙战事，所以由他们制定阵图指挥作战，只能束缚将帅，难以临阵指挥。将帅作战多请示朝廷，群臣往往争论不决；主帅与部将聚议，也常是人各主意，议论不一，由此每每坐失战机。此外，宋廷为防止将帅与部队士卒关系过于密切，就不停调换军中将帅，使"兵不识将，将不识兵"，结果作战时"上下不相附，指令不如意"。这样的军队，其作战失败也就成为必然了。

其次在职官方面，宋朝有着庞大而低效能的官僚机构。宋朝入仕途径颇多，有科举，有恩荫，有绢纳，等等。宋初为争取士心，吸纳更多士人入仕，以扩大和稳固其统治，宋廷广开科举之门，科举取士人数日增。1000年（咸平三年）宋真宗下诏说："去岁天下举人数逾万人，考校之际，谬滥居多。"但是年科举仍取士1800多人。又宋制规定，皇族宗室、后戚和官僚的子孙、亲属、姻亲甚至门客都能通过恩荫而得官，小至郎中、员外郎也可荫子孙一人为官，故其总数极大，成为宋朝形成冗官之弊的主要原因。当时包拯（999—1062）就曾对宋仁宗陈述冗员之况：真宗时文武官总计9700余人，今有17300余员，而未受差遣的京官、使臣及守选人还不包括在内；宗室吏员受禄者达15000多人；三班院武官，宋初不满300人，真宗时有4200余人，至此时多达11000余人。而地方州县官吏更是多得无法计数。同时因官多缺少，且宋制3年一"磨勘"（考核），官员们只要在任内不发生过错，就能迁升；加上宋朝监察官吏的御史被许以风闻（无证据）弹劾官员，故御史以寻找官员过失为能事，促使官员因循守旧，唯恐任事而招来非议，影响官位。在这样各级官员苟且因循，不求有功，但求无过，坐待升迁的氛围中，不但官府办事效率极为低下，而且还极力阻挠有人对此进行变革。

这些危机的加深，宰相吕夷简（978—1044）负有相当的责任。吕夷简年轻时，因得到于宋太宗、真宗两朝3次拜相的堂叔吕蒙正（944—1011）推举，而得宋真宗的赏识。宋仁宗初，刘太后垂帘听政，吕夷简因辅弼有功而升任宰相。1033年（明道二年）三月，刘太后死，宋仁宗亲政，在吕夷简的支持下，凡刘太后所亲任的宰执大臣都被免职。但皇后郭氏（1012—1035）向宋仁宗指出，吕夷简也因亲附太后而得以擢任，故吕夷简也被罢相。为此，吕夷简对郭皇后十分怨愤。但宋仁宗仍然对吕夷简相当赏识，故当年八月，吕夷简再次拜相，执掌国政。

宋仁宗娶郭皇后，本是刘太后的强作主张，故宋仁宗对皇后并无宠爱之心。刘太后死，少年天子没了管束，就遍阅后宫，容颜姣好的尚美人、杨美人因此大得宋仁宗的宠爱。一天，郭皇后与尚美人发生争吵，皇后一怒之下，举手要打尚美人的耳光，天子前来救援，于是皇后的手掌就打到了皇上的颈部，宋仁宗大怒。与郭皇后有私怨的内侍阎文应因而劝说废掉皇后，并劝宋仁宗让宰执大臣看看颈部的伤痕。废除皇后，属于国家大变故，宋仁宗一时有些犹豫，吕夷简为出心中恶气，便鼓动天子说："古代汉光武帝，是汉代贤明之君，因其皇后有些怨气而被废。何况今天已经伤害陛下的颈部了！"于是宋仁宗主意遂决，于十二月颁布废除皇后的诏令，称郭皇后愿意离开后宫修道，特封为净妃，居住于长宁宫。

废除皇后的诏令一下，众臣纷纷上奏章谏劝，但吕夷简事先交代有关官署不得接受御史、谏官等的奏章，于是规劝天子的奏章一份也送不进宫去。无奈之余，御史中丞孔道辅（987—1040）率台谏官范仲淹、孙祖德等10人前往垂拱殿伏地奏请，宋仁宗让他们去找宰相。孔道辅等人来到政事堂责问吕夷简："大臣对于皇上、皇后，就像是儿女对待父母一样。父母不和，应该劝止，为何顺从父亲之意而赶走母亲？"吕夷简回答："废除皇后，汉、唐前朝已有先例。"孔道辅、范仲淹反驳道："人臣应当引导君主效法尧、舜，怎能效法汉、唐君主失德之事！"其他大臣也纷纷责问吕夷简，吕夷简哑口无言，却奏告天子说："臣下跪伏宫殿门前奏请召见，不是太平盛世所应有的事情。"要求宋仁宗将他们全部贬官出朝。次日清晨，孔道辅等来到宫前等候上朝，欲说动百官一起与宰相论理，此时传来天子诏令，贬孔道辅知泰州（今江苏泰州），范仲淹知睦州（今浙江建德梅城镇），孙祖德等人各罚铜20斤。诏令还说自今台谏官不得串通起来请求召见，以免惊动朝野。尽管如此，朝廷内外仍然有人上疏反对废除皇后，自知理亏的宋仁宗对此既不加采纳，也不处罚这些上疏的官员。

郭皇后被废后，宋仁宗夜夜厮混于美人中，把身体搞坏了，在从小抚养宋仁宗长大的杨太妃干预下，尚美人、杨美人被送出宫外，并于1034年（景祐元年）九月另立曹氏（1016—1079，曹彬的孙女）为皇后。

当初宋仁宗因受吕夷简、阎文应的鼓动，一怒之下废除了郭皇后，但事后颇觉愧疚，常常遣人抚慰，欲重召入宫。阎文应对此十分害怕。十一月的一天，郭氏身体不适，宋仁宗派阎文应带御医前去诊视。不料服药数日后，郭氏突然去世。郭氏之死，朝中大臣多认为是阎文应下了毒，但苦无证据。此时新任知开封府范仲淹上章弹劾阎文应之罪，阎文应由此被贬斥岭南，死于半途。次年正月，宋仁宗下诏追复郭氏为皇后，以皇后之礼仪办理丧事。郭皇后被废之事就此告一段落，但范仲淹、吕夷简由此结下深深的怨恨，朝中大臣也由此形成两个不同的党派。

吕夷简再次拜相，与御史中丞范讽一力援引有很大关系。范讽为人不拘小节，与宰相张士逊（964—1049）议论不合，故极力攻击张士逊，促成吕夷简复出。起初两人关系还融洽，不久范讽自认为有恩于吕夷简，要求吕夷简擢任自己为执政，吕未答应，范讽意有不平，关系转恶。当时吕夷简自持圣眷恩渥，处事颇专横，引起另一位宰相李迪的不满。此时御史庞籍数度弹劾范讽，与范讽关系密切的李迪袒护范讽，庞籍被罢去言职。在吕夷简的支持下，庞籍连章追劾范讽，范讽也上疏反击，要求朝廷公断。天子只得亲自出面，于 1035 年（景祐二年）二月命吕夷简等宰执大臣于殿前核裁，结果庞籍降职知临江军，范讽贬为武昌行军司马，并以其罪申饬中外，李迪也受牵累而罢相，其他与范讽关系亲密者一概黜削。枢密使王曾因吕夷简推举而接任宰相，宋绶（991—1041）由参知政事调任枢密副使，给事中蔡齐、翰林学士承旨盛度擢任参知政事。但吕夷简事不少让、独断专行的作风，再次引起王曾的反感，而蔡齐与王曾友善，宋绶亲附吕夷简，双方常于天子前争执，党争趋烈。

1036 年（景祐三年），知开封府范仲淹有鉴于吕夷简执政，往往凭一己的好恶进退官员，使侥幸之徒奔走其门下的局面，向朝廷上《百官图》，详细记录了朝廷官员的迁转途径，并向皇上指出：这样才是循序而进，那样是不次而迁升，这样做为公正，那样做属于有私心。何况进退近臣，凡属超迁者，不应当全都委托宰相。吕夷简见此，自然不悦。此时有人建议迁都洛阳，对此范仲淹表示反对，认为洛阳地势险要，开封处于四战之地，无险可守，因此在太平年代应当居东京舟车辐辏之地，以便于天下，有急难之时宜居洛阳，守山河之固，以保中原。故而现在应着手充备洛阳的储藏，修缮宫室，以备使用。范仲淹这一建议是根据宋朝政治、军事、经济的实际情况而提出的一条既便于操作，又有战略意义的良策。宋仁宗为此询问宰执的意见，但吕夷简却贬损道："范仲淹处事迂阔，有名无实。"范仲淹得知后，再次向天子进言，攻击时政得失，矛头直指吕夷简，吕夷简大怒，向宋仁宗告状说范仲淹越职言事，离间君臣关系，并使出一招撒手锏，称范仲淹引用朋党，为害朝政。

范仲淹，字希文，苏州吴县人，27岁进士及第，进入仕途。他对宋朝官场上因循守旧的风气、恩荫太滥之弊，以及武备不坚、内外奢侈、国用不足、缺乏贤能之才等统治危机深为忧虑，屡屡上章言事，要求变革朝政，但宰执大臣对此置若罔闻，不与采纳。范仲淹反因与执政不合，几上几下，多次遭到贬官处罚。然而范仲淹对朝廷的忠心耿耿、处理政务的务实态度，得到了一批青年官僚如欧阳修（1007－1072）、富弼、余靖（1000－1064）、尹洙（1001 或 1002－1047）、蔡襄（1012－1067）等支持。由于宋代帝王鉴于唐代后期牛、李党争激烈，终使唐代纲纪在彼此往复不休的争讦中逐渐沉沦，终于亡国的教训，对朝臣结成朋党之事极为敏感，此时宋仁宗对范仲淹他们意气相投，来往密切，直言纵论天下事，无所避忌，在政府和社会上有相当影响的情况也有所知晓，此时闻听吕夷简攻击范仲淹结为朋党，便信以为真，贬范仲淹出朝，知饶州（今江西鄱阳）。

吕夷简为独秉朝政，在台谏官中安插自己亲信，而朝中大臣为保位固禄，都不敢公然反对吕夷简。在吕夷简的指使下，御史韩缜（1019—1097）上疏要求将范仲淹的罪状公布天下，告诫百官"不得越职言事"。这建议自然得到天子的允准。于是"朋党"之事成为吕夷简打击政敌的最好借口，谁要为范仲淹说话，立即就被视为朋党之徒，一时朝廷上下人人自危。但血气方刚的青年官僚仍然上疏攻击吕夷简，为范仲淹呐喊。集贤校理余靖上书直言天子过失，馆阁校勘尹洙上书公然申明自己与范仲淹"义兼师友"，结果两人同时被贬。馆阁校勘欧阳修写信责备司谏高若讷（997—1055）不敢规劝天子过失，是"不复知人间有羞耻事"，高若讷告发此信，欧阳修也被贬。此时朝中臣僚害怕宰相报复，不敢送范仲淹，只有龙图阁直学士李纮、集贤校理王质（1001—1045）出城相送。有人责问王质为何要自陷朋党，王质回答："希文贤者，我能为其朋党，是我的荣幸。"馆阁校勘蔡襄写了《四贤一不肖诗》，称誉范仲淹、余靖、尹洙、欧阳修，讥讽高若讷，一时京城士庶争相传写，流布天下。

欧阳修虽被贬官，但面对朝中用"党人"、朋党为名打击正直之士，毅然写下流传千古的名文《朋党论》，宣称：小人以禄利财货相结，见利而争先，利尽而交疏，并相互贼害，故小人无党；而君子以忠信名节相守，同心共济国事，始终如一，故君子有朋。指出人主所要注意者，不在于臣下是否朋党，而在于善"能辨君子与小人也"。欧阳修的这篇文章刺痛了某些人，于是朋党之议更烈，欧阳修此后也因此而屡遭人陷害。

吕夷简虽然赶走了范仲淹，但他与另一宰相王曾间的矛盾日趋激化，1037年（景祐四年）四月，吕、王两人同时罢相。吕夷简为日后复相留下余地，向天子推荐平庸无能的王随（约975—1039）、陈尧佐（963—1044）为宰相。果然只过了一年，宋仁宗任用张士逊（964—1049）、章得象（978—1048）接替王、陈两人为宰相。但张、章两人的才能也相当平庸，不及吕夷简，且张士逊时誉很差，而宋朝政局因对西夏战事的激烈，其内外矛盾一时显现。不得已的宋仁宗只好调整政策，于1040年（康定元年）废除"越职言事"之禁，诏令天下臣庶极言朝政得失，并罢免张士逊之职，重新任命吕夷简主持政务，同时调任范仲淹、韩琦主持西北军政事务。

天子的意图至为明了，即以吕夷简在内主朝务，范、韩两人在外主边机，但他也深知吕夷简、范仲淹两人之间存有严重过节，此刻国家处于危机之中，极需朝廷大臣和谐合作，故专门晓谕范仲淹与吕夷简讲和。范仲淹不是那种斤斤计较于个人恩怨上的人，故向天子表示自己与吕夷简并无个人恩怨，过去的言行，都是为了国事而绝非私人争斗。而吕夷简作为老资格的官僚，也深知此时当以国事为重，故也表示愿尽释前嫌。范、吕的和好，尤其吕夷简为表示自己的不凡气度，主动提议超格擢用范仲淹，但从实际情况来看，吕、范这种和好，更多的是出于政治表态，因而处于不同政治集团的人物依然互相攻讦，给此后政局发展带来重要的影响。

对夏战争的失败，社会矛盾的激化，猛烈震动了宋廷，迫使宋仁宗广开言路，沉闷多年的政治空气变得活跃起来。自1041年（庆历元年）起，朝野官员们纷纷上书要求改革吏治，整顿军备。此时传来陕西前线葛怀敏所率宋军遭到西夏军队伏击，全军覆没的消息，连吕夷简也浩然长叹"真是一战不如一战"而束手无策。改革朝政已势在必行。1043年（庆历三年）三月，吕夷简罢去宰相职务。四月，韩琦、范仲淹为枢密副使，杜衍（978—1057）接替畏敌避战的夏竦为枢密使。七月，范仲淹改任参知政事，富弼任枢密副使。他们与宰相章得象、晏殊（991—1055）同执朝政。积极支持范仲淹的官员欧阳修、余靖、蔡襄、王素等出任谏官。这一班朝臣中，多为当时名士，士大夫交口称誉，认为可以有所作为了。平日即以乐善疾恶、喜声名、遇事奋然敢为自居的国子监直讲石介（1005—1045）这时按捺不住喜悦之情，写下《庆历圣德颂》，称"众贤之进，如茅斯拔；大奸之去，如距斯脱"，极口称誉范、富、韩等人，而指夏竦为"大奸"。范仲淹虽然以倡导道德教化为己任，写下"先天下之忧而忧，后天下之乐而乐"的名句，戮力鼎新政治，兴致太平，但从大局出发，对此类冲动狂放过激而不计后果的言行极不满意。他看见石介的诗后，不无忧虑地告诉韩琦："大事要坏在这些怪鬼之辈手中！"可惜范仲淹之语不幸而言中。

是年九月，宋仁宗在天章阁召见宰执大臣8人，要求辅臣条对天下之要、当世急务。范仲淹退而上奏，综合其多年来的改革思想并加以补充发挥，写成《上十事疏》奏报天子，作为其改革的基本思路。范仲淹认为："历代之政，久皆有弊，弊而不救，祸乱必生，使夷狄骄横，寇盗横行，因此不可以不更张改革政治以救之。"他所上的十事是：

一是明黜陟：即改变文官三年一迁、武将五年一迁，只讲资历年限、不问政绩如何的磨勘法，认为应当考察官员在任期间政绩如何而加以升迁，老病愚昧者另行处置，有罪者按情节轻重而处罚。二是抑侥幸：即改变和限制高官显宦子弟恩荫做官的旧法，以减省冗官，并避免官宦子弟与"孤寒争路"。三是精贡举：即改变专以诗赋墨义取士的科举制度，提议用策论和经学改变官学教学的内容和科举考试的方法，为朝廷选拔有用人才。四是择官长：即重视对地方转运使、提点刑狱及州县长官的选拔和考核，以改变之前任命地方官"不问贤愚，不较能否"，结果使"蠹民害物"的劣官横行天下的局面，以保证朝廷政令的下达。五是均公田：即各级官员按等级给以多少不等的"职田"，责其廉洁，防其贪污。六是厚农桑：每年秋天，各级地方官员要注意兴修水利，开河筑塘，以发展农业生产，减轻漕运的负担。七是修武备：因对西夏作战，宋之重兵调至西北，京师空虚，故提议京师附近募兵5万，拱卫京城。八是减徭役：裁并州县建置，相对减少徭役负担。九是覃恩信：朝廷有赦令，各地政府必须严格执行，违制者给以惩罚。十是重命令：要求订立法令时要慎重，颁行后，各地必须严格执行，违者有罚。

范仲淹所上十事，除"厚农桑"一条外，其余各条都着眼于整顿政府机构和吏治，以强化统治；且此十事，除"修武备"一条外，皆于当年十月至次年五月之间，先后通过诏令形式颁行全国，当时号称"新政"（后世称为"庆历新政"）。在此前后，富弼也上书条陈当世之务十余条及安边十三策，韩琦先陈七事、后陈救弊八事，作为对范仲淹所陈十事的补充。

庆历新政的主旨在于调整吏治，发展农桑，减轻徭役，以强化国防，消弭渐趋激化的社会矛盾。因此，从总的说来，范仲淹此次新政只不过是一次微小的改革，且其中只有少数几条付诸实施，但还是因为侵犯到官僚贵族的既得利益而遭到强烈反对。宰相章得象暗中支持一些台谏官连连上疏，攻击主持新政的官员结成朋党，"欺罔擅权"。而夏竦为了发泄心中怨恨，施展阴谋，令其女奴伪造石介代富弼撰写废立草诏，诬陷富弼欲废黜天子，以构成天子所不能容忍的罪状。事情传出后，宋仁宗虽不会相信什么富弼欲行废立之事的谣言，但对新政官员结成朋党却颇有忧虑。而范仲淹、富弼由此心中不安，皆借防备秋天西夏进攻为名，坚请行边。于是1044年（庆历四年）六月，范仲淹宣抚陕西、河东；八月，富弼宣抚河东。石介也心中不安，随后也自请出朝为地方官。

九月，杜衍拜宰相兼枢密使，贾昌朝为枢密使，陈执中为参知政事。范、富出朝后，反对新政者攻击更烈，新政也多为阻隔，只有杜衍仍然支持新政，荐引贤士而抑制侥幸，因而招致反对者的怨恨。宋仁宗为此于十一月下诏告诫百官不得"朋党相讦",并"戒按察恣为苛刻及文人肆言行怪者"。正在此时,支持新政的青年官员不拘小节的言行,使新政招致致命的打击。

是年十月末,监进奏院苏舜钦(1008—1048)循惯例祭祀神祇,随后设宴招待十余位有文名的青年官员,并以伎乐娱宾。席间,集贤校理王益柔(1015—1086)乘醉戏作《傲歌》,中有"醉卧北极遣帝扶,周公孔子驱为奴"等一些所谓傲视礼教的句子,而被人抓住小辫子,形成大狱,欲借此根除朝中主持新政的势力。当时太子中舍人李定(1028—1081),(晏殊的外甥)想参加此次宴会而被苏舜钦拒绝,故怀恨在心,向御史中丞王拱辰(1012—1085)密报告发。因苏舜钦、王益柔为范仲淹所荐引,且苏舜钦又是杜衍的女婿,王拱辰为能倾害范仲淹、杜衍,指使御史上疏弹劾此事,王拱辰与另一大臣张方平(1007—1091)甚至请求天子诛戮王益柔,贾昌朝暗中支持他们的议论。宋仁宗命令将参与此次宴会的人全部逮捕下狱。这时韩琦委婉地谏劝天子说:"陛下平素以宽恕为怀,现在却遣钦使满城捕捉官员,惊骇视听,深为陛下所不取。且王益柔醉中狂语,何足深究?而张方平等人作为天子近臣,当今日西边用兵,大事多多,一件也未为陛下出谋划策,却一起上奏攻击一个小小的王益柔,其用意显而可见。"宋仁宗省悟，不再深究此事，苏舜钦、王益柔被贬黜除名，同席者都遭处罚。为此王拱辰激动地宣扬："我终于将他们一网打尽了。"受此牵连，远在陕西的范仲淹只得上章乞罢参知政事一职。宋仁宗想接受范仲淹的辞呈，但宰相章得象却阴险地劝阻道："范仲淹素有虚名，现在一请辞职，朝廷就接受，恐怕天下人会说陛下轻黜贤臣。不如且赐不允辞职之诏，如若他有谢表，那他就是怀诈邀君，就可罢免他了。"范仲淹果然中计，见天子赐下不允辞职之诏，就信以为真，上表谢恩，于是天子对章得象所言大为心服。此时谏官钱明逸在章得象的布置下，上疏攻击范仲淹、富弼"更动国家纲纪，扰乱统治基础，凡所推荐，多持朋党"。而陈执中也向天子攻击杜衍庇护范、富二人。1045年（庆历五年）正月，杜衍、范仲淹、富弼罢官出朝，贾昌朝接任宰相。二月，宋仁宗诏令废罢磨勘、荫子新政，改用旧法。三月，为杜衍、范仲淹等鸣不平的韩琦，也因遭人攻讦，且言论不为天子采纳，只得自请罢官，出知扬州。而新政官员如欧阳修、尹洙、余靖等人都遭到贬职处罚。范仲淹推行的所谓新政，前后仅一年左右，至此被全部推翻。

庆历新政失败后，宋仁宗转而倚用所谓持重之臣如章得象、贾昌朝、陈执中等人，朝廷上纷争如麻，无所立事，新政官员一再遭受迫害，而怀惧畏谗，不敢挺然当国家之事，而守旧官员昏庸苟且，宋朝内部的社会矛盾更益发展。影响北宋后期政局的党派之争就此拉开序幕，且越演越烈，成为北宋灭亡的一大原因。1052年（皇祐四年），范仲淹郁悒而死，但他倡导的崇尚道德节操之士风，以及以天下兴亡为己任的言行，激励着后人的奋发向上。因而当宋仁宗末期，宋朝统治日益贫弱之时，朝野要求改革的呼声再起，终于掀起一场更大的变法活动。

"濮议"始末

宋仁宗废郭后，册立曹氏为皇后。曹皇后温顺和蔼，知书识礼，但宋仁宗却已因以前声色过度，体质虚弱，使他所生的儿子数人均夭折而亡，故皇后劝说宋仁宗从近支皇族选择一个男孩抚养，若日后有了亲生儿子，也不妨碍立亲生儿子为太子。宋仁宗认为有理，即于1035年（景祐二年）将皇族子弟赵宗实（1032—1067）接到宫中，由曹皇后抚养。赵宗实的祖父是宋真宗的弟弟赵元份，其父名赵允让（995—1059），为宋仁宗的堂兄，也曾被宋真宗迎养于宫中，后宋仁宗出生，再被送回。因此之故，宋仁宗选择赵允让的第十三子赵宗实（是年方4岁）入宫抚养，欲因此而迎来自己儿子的降生。但宋仁宗的如意愿望始终未能实现，虽然此后后宫妃嫔时有怀孕者，但所生下的尽是女儿，而皇子渺无踪迹。

皇帝之事再小也是国家大事，况且天子有无子嗣，涉及社稷权位能否顺利传承，历代因皇位继承问题而形成动乱之事层出不穷，因此朝中大臣心中极为不安。1056年（嘉祐元年），宋仁宗突得暴病，病势沉重，使朝臣们大为紧张，只得不顾嫌疑恳请皇上早立皇子，宋仁宗含糊答应，但就是不颁行册立皇子的诏书。不久，宋仁宗病情好转，就不再提此事，然朝中大臣都觉得册立皇子之事已不宜再拖延。是年六月，知谏院范镇（1007—1088）犯颜直谏天子，要求宋仁宗要怀有像宋太祖舍弃自己儿子而立宋太宗这样的大公之心，选择近亲中贤明之人养在宫中，以维系天下人心。如日后皇上育有圣嗣，让其还家即可。宋仁宗未答应。范镇先后三次面见天子陈述意见，声泪俱下，宋仁宗也感叹而泣道："朕知你忠心，你说得很有道理，但立皇子事还须等待二三年。"范镇在100余天内连续上奏章19封，眉毛胡须都因忧虑而变白了。宋仁宗心知范镇的主意不能改变，而知谏院的职责就是劝谏皇帝，因此再让范镇知谏院显然不妥，就改任范镇他官，而免其知谏院一职。此时并州通判司马光（1019—1086），翰林学士欧阳修，御史包拯、赵抃（1008—1084），知制诰吴奎（1011—1068）等人也上疏恳请天子，于是宰执大臣文彦博（1006—1097）、富弼、韩琦等都相继乘势劝宋仁宗早定大计，但宋仁宗犹犹豫豫，拖延不决。

1062 年（嘉祐七年）八月，宋仁宗身体状况较前更差，子嗣之想已绝，才决意立赵宗实为皇子，赐名曙。前此 3 年，赵允让死，追封濮王，谥安懿，赵宗实出宫在家守孝，至此守丧期满，闻听立己为皇子，虽此事早在意料之中，但他还是十分疑惑忧惧，在一个月内连上了 10 余封奏章，称自己身体不好，坚决辞谢。记室（秘书）周孟阳（1006—1074）觉得赵宗实一味拒绝也不行，就加以劝说，赵宗实说："我这样做并不是求名邀福，只是为了避祸。"周孟阳便说："现今天子已下诏立皇子，天下皆知晓，如果殿下一味推辞，圣上别有计议，改立他人，殿下难道就能安然无患吗？"赵宗实猛然而惊，遂入宫应皇帝之诏，轻车简从，行李不多，唯书籍数箱而已。他的这些举动，甚得朝廷内外臣民之心，而为确立皇嗣这一大事相互庆贺。

1063 年（嘉祐八年）二月，赵曙被册立为皇子后没过几个月，宋仁宗病情加重，于三月驾崩，享年 54 岁，在位 42 年。曹皇后传召皇子入宫嗣帝位，赵曙得知宋仁宗驾崩，哀恸大哭，但却不敢入继大统，连称："曙不敢做此事！"说罢竟欲起身出宫，被韩琦等大臣所阻留。四月，赵曙即位，是为宋英宗，尊曹皇后为皇太后。宋英宗原本想为宋仁宗守孝 3 年，但为宰执大臣所阻而不果。宋英宗于即位后第四天晚上突发重病，无法处理朝政，而只好请太后权且同处理朝政大事。

宋英宗此病，据史书记载，是有时清醒，有时糊涂，有时甚至大声高喊，狂跑乱走，语无伦次，大概是因为对继承皇位一事忧惧过度而发狂。由于宫中宦官、宫女屡屡遭他责骂、鞭打，牢骚满腹，便常常将宋英宗病中狂言乱语添枝加叶地报告给皇太后，使皇太后与天子之间产生猜忌。新君有病，太后垂帘，两者却又不和，不少大臣两边劝解，也未能解决问题，从而使朝臣个个忧心忡忡。一天，太后派内侍送给宰相一封文书，内有宋英宗所写的内容不得体之歌词，以及宋英宗在宫中的过失。韩琦当着内侍之面焚烧了这封文书，并让内侍回奏太后道："太后不是说皇上有病，心神不安，语词失伦吗，这又有何奇怪呢？"次日上朝，太后向宰执诉述皇上的不是，竟至于伤心落泪。韩琦乘机奏道："这只是因为皇上有病，病愈后必定不会再如此。儿子有病，做母亲者能不宽容他吗？"执政欧阳修也劝道："先帝在位时久，恩泽布于天下，所以驾崩后，天下人奉戴嗣君，无人敢有异辞。现今皇上有病，太后是一个妇人，臣等不过五六个书生而已，如若不是先帝遗命，天下谁肯听从？"太后沉默良久。韩琦进一步说道："臣等在宫外，皇上如有闪失，太后在宫内，难辞其责。"曹太后吃惊道："这是什么话？对于皇上身体，我自然关心。"韩琦道："太后照管皇上，谁又敢不尽心？"当时在场的大臣觉得韩琦太过冒犯太后，都吓得冷汗直流，但太后却并未怪罪韩琦。数天后，韩琦独自朝见天子，宋英宗诉苦道："太后对我缺乏亲恩之情。"韩琦答道："自古圣明天子很多，但唯独称誉舜帝为大孝，难道其他帝王就未尽孝吗？父母慈爱而儿子孝顺，这是正常之事，不足称道。只有父母不慈爱而儿子仍不失孝道，这才值得称颂。陛下说太后不慈爱，恐怕是陛下侍奉太后还有不够之处吧，做父母者哪有不慈爱子女的啊！"宋英宗闻言大悟，不再埋怨太后。在朝臣的多方劝谕之下，两宫关系渐渐融洽。

1064年（治平元年）五月，宋英宗病已痊愈。韩琦想让太后撤帘，还政天子，就先向宋英宗请示10多件事，宋英宗处理得很恰当。随后韩琦又立即向太后汇报，得到太后的认可。于是韩琦便向太后说道，现皇上病已痊愈，处理政事很妥帖，故请求太后解除我宰相一职，出朝休养。曹太后何等聪明，闻音即知雅意，立即说道："相公不能离去，我本当退居深宫，现在每天在此，实出于不得已。"韩琦称颂太后不恋权势，能主动归正皇上，为前代贤明皇后所不及，随后又问太后决定何日撤帘还政？太后一听，即刻站起退入后宫。

太后还政天子，是一件政治大事，韩琦怕拖延时日又有曲折反复，当即厉声喝令侍臣撤下帷幕。帷幕落下，太后还未走远，屏风旁还露出了太后的一角衣衫。宋英宗随后亲政，一场可能危及社稷安定的危机终得安度，但宋英宗与曹太后的关系还是给当时政局，尤其给"濮议"以重要影响。

1065年（治平二年）四月，宋英宗诏令朝臣议论崇奉濮王赵允让的典礼，是为"濮议"。

此前，知谏院司马光认为天子必定会追崇自己的生父，就上疏称古代帝王以养子身份继承大统的，就不追崇自己的生父，并说这是万世不变的法度。但韩琦等宰执却迎奉天子意愿，认为"礼不忘本，宜尊礼濮王"，即追崇濮王赵允让为皇帝。天子让近臣聚议此事。翰林学士王珪（1019—1085）等面面相觑，都不敢率先发言。因为顺从宋英宗意愿追崇濮王赵允让，必然会有亏于对宋仁宗的礼数，而不然，又将得罪当今天子，因而左右为难。此时又是司马光奋笔直书："为人后者为之子，不得顾念私亲。陛下亲为先帝之子，然后继承大统，光被天下。濮王虽于陛下有天性之亲情，但陛下能登极，子孙万世相承，都是先帝的恩德。因此臣以为宜追崇濮王高官大国。"王珪等便将司马光奏章手稿上报宰相，宰相让近臣议定具体意见，于是王珪等议定濮王作为宋仁宗的堂兄，故宋英宗宜称濮王为皇伯而不称呼他的名字。此建议遭到宰执的反对，参知政事欧阳修并引《丧服大记》说："如改称亲生父亲为皇伯，历考前代，从无前例。"建议皇上召集朝中百官再议。欧阳修的这一建议，明显顺从天子意愿，而遭到曹太后的切责，宋英宗只得下诏暂停濮议，让有司"博求典故以闻"。追崇生父之类礼法之争，在今天看来似乎无关紧要，但古人却认为是有关立国之本的大事，而往往成为政治斗争的焦点。此次濮议也因此而渐渐发展成为当时宰相大臣与台谏官之间的权力之争。

是年九月，御史中丞贾黯（1022—1065）因执政不同意称濮王为皇伯，数次到中书争论，至此称病求退。由于台谏官在濮议上与宰执意见相左，故宰执有意不任命新中丞，御史、谏官也多被差遣他任，不任本职之事。1066年（治平三年）正月，翰林学士、判太常寺范镇（1008—1089）因濮议与宰执意见不合，而被宰执排挤出朝。此时御史吕诲（1014—1071）、范纯仁（1027—1101）、吕大防（1027—1097）因濮议经久未定，上书论争，认为应该遵照王珪等人意见称"皇伯"，前后上奏7次，而宰执不予答复，于是吕诲就上疏弹劾韩琦，攻击韩琦专权导谀："昭陵（宋仁宗之陵墓）之土未干，遂欲追崇濮王，使陛下厚待生父而降低所继之亲的礼数，尊隆小宗而断绝大宗的香火。"随后吕诲等3人又共同上疏弹劾欧阳修"首开邪议，用不正之道诱说天子，用近利辜负先帝，而陷陛下于不孝。韩琦等宰执都附会不正之论，乞请都加以贬黜。"当时宰执也上言天子说："请明确诏告天下，称皇伯实为无稽之说，决不可从。但现今所欲议定者，只是名号而已。至于在京师建立濮王之庙，扰乱统纪，绝非朝廷本意。"宋英宗自然心向宰执的意见，但因顾忌舆论，不敢立即下诏。于是宰执商议让皇太后下手书尊崇濮王为皇，其夫人为后，皇帝称濮王为"亲"；又让宋英宗下诏谦让不受尊号，只称"亲"，以表示这出于皇太后的恩典，而不是皇上的意思，且为日后推崇之准备。果然事态发展如宰执所计划的，颇感受人愚弄的御史吕诲等人遂缴纳御史敕诰，家居待罪，等候朝廷处罚。宋英宗不想事情搞得太不可收拾，就遣官员送还敕诰，但吕诲等人还是不肯罢休，声言与宰执辅臣势难两立。吕诲等人如此大胆行为，与宋朝台谏制度的特点颇有关系。

唐代御史台是代表君王监察百官的专门机构，而谏院是代表臣下监察君王的专门机构，可直言君主过失。御史、谏官各司其职，各自为政。但宋初设置专职台谏官时，并没有对台谏官作明确的分工，而谏官也可兼行御史之职，即其监察对象渐由专对君王转向宰执百官，使台谏官合成一势，共为"人主之耳目"。又唐代台谏官名义上离相权而独立，但实际上仍受制于宰相，宋朝为了保证台谏官能有效地监察宰执百官，至迟于宋仁宗时已明确规定台谏官当由君主亲自除授，以断绝台谏官与宰执的人事因缘，使其唯知奉行帝旨。同时，宋朝皇帝为充分发挥台谏官"耳目"职能，为其提供了权力上的保障，即容许"风闻言事"：台谏官可以根据传言弹劾百官，不问传言的来源，不责备是否言之符合事实；宋制，官员上奏言事不实，就要以诬告或"上书诈不实"论罪，但台谏官就是捕风捉影，完全不符合事实，也不加治罪。因此当时台谏官权力极盛，宰执拜罢，台谏官起着极为重要的作用，使得宰相不敢得罪台谏官，甚至接纳台谏官以攻击政敌。如庆历新政时，反对新政者借助台谏官的势力，蓄意炮制进奏院案，由此罢免范仲淹、杜衍、富弼、韩琦等宰执之任，将新政官僚一网打尽。作为天子"耳目"的台谏官因在濮议得不到宋英宗的支持，在与宰执的权力斗争中处于下风，不禁气急词愤，借用"风闻言事"的特权，恶意诬告宰执的私人品行：说韩琦交结太监来巩固自己的权位；诬陷欧阳修乱伦，与外甥女有私情；并攻击韩、欧等为乱大伦、灭天理、希恩固宠、害义伤孝、欺罔圣上而自为身谋的奸邪之人，当显诛昭示天下，以明天子圣明亲爱之心。宋英宗看过这些奏章后，就问宰执应当如何处理，韩琦回答："臣等是忠是邪，陛下当深知。"欧阳修也说："御史说与臣等理难并立于朝廷上，如若陛下认为臣等有罪，当留下御史；不然，就取圣旨处分。"宋英宗犹豫再三，为能将崇礼濮王之事办妥，只得于三月做出让作为"耳目"的御史吕诲、范纯仁、吕大防贬黜出朝的决定。其他参预濮议的御史赵鼎、赵瞻（1019—1090）和知谏院傅尧俞（1024—1091）奉使辽朝还京，得知吕诲等被贬，也纷纷自请贬职出朝。参预濮议其他近臣如司马光、知制诰韩维（1017—1098）、翰林侍读吕公著（1018—1089）等也请求与御史一起贬职，未被天子所同意。濮议之争虽然是宰执获胜，台谏官大都遭贬，但至此已无法再进行了，也就不了了之。

平心而论，这些发愤失态与宰执争论不胜而游离争论主题，转而诬人私德、侮辱人格的台谏官的个人品行并不坏，如：首攻濮议的司马光，其道德名望有口皆碑；上疏激烈攻击韩琦的范纯仁是范仲淹之子，韩琦与范仲淹恩如兄弟，视范纯仁如同自己的子侄，平日私交极好。因此他们履行台谏职能时的争斗好胜、有失理性的病态表现，不能完全归咎个人，实是宋朝台谏制度所使然，使他们习于攻讦诋毁、意气用事，形成恶劣影响。在宋神宗熙宁变法后的政见相左、各不相下的新旧党争中，台谏官恶意攻讦诋毁的习性得到进一步的张扬，使其负面效应更为突出。同时，随着台谏官在濮议之争中的失败，使天子亲授台谏、宰执不得预于其间的制度，在一定程度上遭到破坏。如吕诲等御史贬职后，欧阳修向天子推荐与自己关系密切、又支持濮议的蒋之奇（1031—1104）为御史，得到宋英宗的特准。由此至宋神宗朝，随着党争激烈，台谏官深深卷入其中，沦为党争工具。为此南宋人吕中曾深刻指出：治平元年以前，宰执大臣往往因为被台谏官弹劾而下台；至治平年间，台谏官却往往因为触怒宰执大臣而免职；到宋神宗熙宁变法后，台谏官已沦为宰执大臣的"私人"。当然，沦为宰执"私人"的台谏官，依然受着君权控制和支配，但其所起的政治作用已与宋英宗以前有着很大的不同。

王安石与熙丰变法

庆历新政失败，宋朝社会危机更烈，至宋仁宗末年，要求改革朝政的呼声再起，其中以王安石所上的"万言书"影响最著。

王安石（1021—1086）字介甫，江西临川（今江西抚州）人，1042年（庆历二年）中进士，历任地方州县官。其知明州（今浙江宁波）鄞县时，读书治学，关注时政，改革县政，兴修水利，兴办学校，于春天青黄不接之际，将官粮贷给县民，规定一定利息，于秋后归还，既使县民免受高利贷者的重利盘剥，又使官仓中粮食得以新陈替换；其后任江南东路提举刑狱，又改革原来的严禁私人贩卖茶叶的"榷茶法"，改官府专营为由商人营销、官府抽税之法，取得很好的效果。1058年（嘉祐三年），王安石到京师任三司度支判官。约次年春，王安石将从政多年所形成的政治思想写成长达万言的奏疏（即《上仁宗皇帝言事书》，也称《万言书》），提出了他的改革主张。

王安石在《万言书》中首先指出，天下财力困穷，风俗衰坏之原因，在于"不知法度"。由此王安石对宋朝官制、科举以及官僚因循守旧、奢侈无节的颓风，作了全面揭露，由此提出其以"法先王之意"为宗旨的变法主张和设想，主要有：一，整顿吏治，拣选人才。王安石认为当时官吏大都是"不才苟简贪鄙之人"，对于治道一窍不通；而官学中仅"讲说章句而已"，使学生徒耗精神于"无补之学"。因此他主张改革学校、科举、恩荫制度，从地方上选拔有实际治事经验的人才，以达到国家大治的目的。二，以"理财"来解决吏禄难题。当时国家财用不足，一般士大夫认为这是因为官冗所造成，但王安石指出当时官员诚然过多，然而公私困穷，其主要原因在于理财不得其道，不能因世之宜而变通。由此他提出自己的理财方针："因天下之力以生天下之财，取天下之财以供天下之费。即通过发展生产的方法来解决财政危机，达到富国强兵之目标。三，建立完备"法治"。王安石主张以法治理官吏，对反对改革的"流俗侥幸之人"必须"裁之以刑"，方能有所作为。同时王安石针对危机四伏的宋朝社会状况，明确地警告道：汉末张角起义，唐末黄巢起义，起义者一旦横行天下，将吏没有敢抵抗者，汉、唐由此而灭亡；又晋武帝（239—290）得过且过，不做长久打算，结果造成天下大乱，使中国陷于长达200余年的南北朝大分裂之中。王安石欲通过这些惨痛的历史教训，来说服天子赶快变法，改弦更张，以安度危机，稳固其统治。

当时朝中主政的，是曾参与庆历新政的韩琦、富弼、欧阳修等人，但韩、富诸人经过一系列宦海风波后，已大大改变了10多年前主张变革朝政的思想，转而倾向保守。因此，王安石所上的要求变法的《万言书》，并没有引起天子与宰执大臣的注意，但王安石却因此受到主张改革的士大夫们的重视而声誉日隆，成为官僚中主张变革者的代表人物。

继宋仁宗为帝的宋英宗，据朱熹评介，是一个"有性气，要改作"的皇帝，但因身体多病，加上官僚集团钩心斗角，纷争不绝，而甚有影响的曹太后又是一个主张"祖宗法度不宜轻改"的守旧人物，使宋英宗未能做出任何"改作"就于1067年（治平四年）正月去世。继承皇位的是他年已20岁的儿子赵顼，即宋神宗（1048—1085）。王安石在整个宋英宗朝，丁母忧去职，于金陵守孝。血气方刚、有志进取的宋神宗，素闻王安石之才学声名，故于继位不久，即在王安石好友韩绛（1012—1088）、韩维兄弟的推引和宰相曾公亮（999—1078）的举荐下，起用王安石知江宁府（今江苏南京），不久又征召其入京任翰林学士，欲进而重用王安石当国政，主持变法事宜。

宋神宗欲重用王安石以变法的设想，遭到朝中老臣富弼的反对。参知政事吴奎首先向天子攻击王安石自以为是，"所为迂阔"，如加以重用，必定扰乱朝政制度。而后宋神宗曾试探地询问自请罢相出朝的韩琦："卿出朝后，国政可付属谁人？王安石怎么样？"韩琦回答："王安石之才，为翰林学士则有余，处辅弼之地则不足。"意即王安石没有为宰相当国政的才能，宋神宗因话不投机，不予置答。而另一重臣富弼（1004—1083）入朝请对，竟然劝说天子放弃抵抗外寇，要宋神宗20年不言兵，不赏边功。锐意鼎新朝政的宋神宗深感失望。1068年（熙宁元年）四月，王安石自江宁入京师，宋神宗随即召对，询问"为治"之道。王安石认为"尧、舜之道至简而不烦，至要而不迂"，要求天子当效法尧、舜为治，并针对宋神宗人才难得的忧虑，指出"天下之大，人民之众，百年承平，学者不为不多"而天子却常常担忧无人才来帮助治国，其原因就在于天子择人之术未明，推诚之心未至，因而虽有贤能之人也未必能发现。因此王安石要求天子效法尧、舜辨别"四凶"而诛之，使贤能之臣安心辅弼左右。王安石的变法思想前逾古人，其要求宋神宗"法先王"，即打着效法尧、舜的旗帜，不过是欲借古代圣人作掩护进行变法，以使自己在与守旧派斗争时处于理论上的有利地位。

宋神宗曾说当时"天下弊事至多，不可不革"，并认为"当今理财最为急务"，与王安石所主张的"善理财者，民不加赋而国用饶"的变法理财意图相接近。1069年（熙宁二年）二月，宋神宗力排众议，起用王安石为参知政事，开始变法。当时王安石声望极高，日后坚决反对变法的司马光也曾道：王安石独负天下盛名30余年，识与不识者，都说不任用王安石则已，一旦任用则可立致天下太平，生民都被其恩泽。因此当时朝臣对王安石执政大多抱欢迎态度，但随着变法活动的展开，反对声也逐渐生出，并日趋激烈。

由于朝中机构臃肿，人浮于事，官僚们大都暮气沉沉，因循苟且，所以王安石依靠年轻官员开展变法活动，于三月间设置一个新的机构"制置三司条例司"（即负责制定三司户部、度支、盐铁条例的专门机构），知枢密院陈升之（1011—1079）与王安石同领其事，实际上由王安石主持，作为变法的指导机关。这一机构中，一批新人得到任用。前真州（今江苏仪征）推官吕惠卿（1032—1111）因与王安石议论多合，大名（今河北大名）推官苏辙（1039—1112）曾上疏指责朝廷害财之事在于冗官、冗兵、冗费，故吕惠卿、苏辙都被任命为制置三司条例司检详文字官，后又任命章惇（1035—1105）为编修三司条例官，曾布（1036—1107）为检正中书五房公事。四月，派遣8名官员分巡天下，考察各路农田、水利、赋税之事，著名理学家程颢（1032—1085）也在其中。由于当时宋神宗事事都听从王安石的意见，参知政事唐介（1010—1069）不禁愤懑难忍，数次与王安石廷争。唐介号称耿直敢言，但却无法在与王安石论辩中占上风，加以天子的偏向，气愤之下，背疽发作而死。随即御史中丞吕诲上奏弹劾王安石十大罪状，攻击王安石大奸大诈，但这种恶意诋毁、拼合炮制出来的东西，实在经不起推敲，结果吕诲被贬出朝。此时宰相曾公亮年过七十，遇事依违两可，富弼见行新法，称病不出；参知政事唐介病死，赵抃见难以阻挠变法，逢人便叫苦。于是京城流传有一则政治笑话道：中书有生、老、病、死、苦。即王安石生，曾公亮老，富弼病，唐介死，赵抃苦，倒也十分形象生动。

是年十月，富弼罢相，陈升之接任宰相。因曾公亮、陈升之对变法之事甚不热心，敷衍阻挠，故宋神宗于次年下半年罢免两人宰相之职，升任王安石、韩绛为宰相。在宋神宗的全力支持下，农田水利、青苗、均输、保甲、免役、市易、保马、方田等新法陆续制订、推行。王安石变法宗旨在于"修刑政，使将吏称职，财谷富，兵强"，故其内容包括政治、经济、军事、文化诸方面。从理论上说，政治改革与经济改革相辅相成，不可或缺，政治改革甚至是一切经济改革能否实行的保障。王安石也深知此道理，但王朝根本体制不容更改，作为宋朝宰臣的王安石也无意对此作变动，因此他所做的政治改革就仅限于简拔吏才，改革官制，整顿吏治。同时王安石也深知官制改革必然会损害官僚们的既得利益，从而引起反对派官员的最为激烈的反抗，为此王安石变法明智地先从经济、军事、文化改革着手，欲使反对变法的阻力有所减轻。

王安石所颁行的新法内容主要有：

均输法：当时财政困乏，各路上贡京师物品，岁有定额，财政官员拘于弊法，因循守旧，昧于实际情况变化，不顾年岁丰歉和产地远近，按簿籍征收，使民间纳税加多，朝廷还是财用窘急，而富商大贾却得以乘公私之急，从中渔利。因此均输法规定：发运使总领东南六路赋税转运事宜，有权周知六路财赋情况，凡籴买、税收、上供物品，都可"徙贵就贱，用近易远"，并有权了解京城库藏支存情况，如需供办的物品，可根据各地物价等情况，预先购买输运，存储备用。以此达到"国用可足，民财不匮"的目的。1069 年

（熙宁二年）七月，宋神宗决定首先于淮、浙、江、湖六路颁行均输法，命发运使薛向（1016—1081）主持此事，并给内藏钱500万贯、米300万石充用。

青苗法：1069年（熙宁二年）九月，三司条例司颁行青苗法。宋仁宗时，陕西转运使李参（1006—1079）让当地农民估计自己田地产量的盈余，先向官府借钱，秋后还官，称"青苗钱"。王安石据此经验制定青苗法，规定：各地常平、广惠仓以现有约15万以上贯、石的储备，当粮价贵时，则较市价减低出售，当粮价贱时，则较市价增贵收籴。并以此作本，依陕西青苗钱法，于青黄不接之时由居民（主要为农民）自愿请贷。所贷钱以酌中粮价折合，夏秋收成后加息十分之二还粮或还钱，随夏秋两税还纳。因为青苗法是对旧有的常平仓法进行改革的新法，故也称作"常平新法"。为防止借贷者逃亡，还规定每5户或10户以上作1保，由三等以上户（地主或富裕农民）充作"甲头"。借钱有限额，依户等而定多寡：一等户15贯文，二等户10贯，三等户6贯，四等户3贯，五等户1贯500文。青苗钱取息二分，虽然较高利贷者索取成倍利息轻了许多，但政府还是因此可敛得大量利息。按规定，富户借钱较多，而越贫穷者能借到的钱越少，但那些富户一般并不需要借贷青苗钱。因此各级地方官府为了完成规定的青苗钱借贷数额，于施行青苗法中出现"抑配""散俵"（散发）的办法，即按户等规定，强迫领借，使上等富户因此要比下等贫户领取更多的青苗钱出息，使富户和高利贷者的利益大受损害，由此招致保守派的极力反对。1070年（熙宁三年）正月，宋神宗在禁止各地阻挠自愿借贷青苗钱的行为同时，下诏禁止青苗钱抑配，对反对派作出一些让步。

农田利害条例：在青苗法颁行后2个月，又颁行了《农田利害条例》，与青苗法同时并行。此条例奖励各地开垦废田，兴修水利，建立堤防，以利农业生产。如工程浩大，民力不足以完成，可依据青苗法向官府借贷钱粮，许两限或三限（每限半年）归还；如官府借钱不足，还可向富户借贷，依例出息，由官府置簿催还。此条例与青苗法互相为用，既为朝廷带来一大笔收入，又促进了各地农田水利的发展。据统计，自1070—1076年（熙宁三年至九年）的7年期间，各路兴修大小水利共计10793处，水利田达363000顷（其中官田1900余顷）之多，有力地推动了生产发展。

免役法：免役法也称募役法，是改变以前的按户等轮流充当州县衙门差役之法（差役法），为由州县政府出钱募人充役，各州县预计所需募役的钱，然后按户等征收。原先轮充差役的农村上三等户按户等定役钱，随夏秋两税缴纳，称免役钱；原先不负担差役的城市上五等户以及乡村的未成丁户、单丁户、女户和享有特权的官户、寺观户等，也须按等第减半缴纳役钱，称"助役钱"；乡村四等以下户和城市六等以下户不纳役钱。此外又于役钱定额之外另加收十分之二，称"免役宽剩钱"，由各地官府留存以备灾荒年份使用。差役是北宋前期民间极重的徭役负担，充役者往往因此而破产，人们纷纷要求改革差役法。早在宋仁宗时，一些地方官员就在局部地区对旧役法加以变革，由当役者出钱，雇人代役。王安石变法伊始，就将役法改革看作是"理财"诸法中最为重要的。1069年（熙宁二年）十二月，颁布免役法"条目"，征求意见。1071年（熙宁四年）正月，先在开封府界各县试行。同年十月，颁行于全国。由于各地收缴的役钱超过了实际雇募的需要，又使朝廷增加了一大批财政收入。

市易法：均输法颁行后，为进一步限制富商大贾操纵物价，牟取暴利，并借以增加财政收入，宋廷又颁行了市易法。此前，秦凤路经略机宜文字王韶（1030—1081）在当路设置市易司，管理商货，控制与西北少数民族的贸易，并借官钱为本，每年获利一二万贯。此为市易法之开端。1072年（熙宁五年）初，有草泽人（平民）魏继宗上书建议在京师设置市易司，管理市场贸易，达到"商旅以通，黎民以遂，国用以足"的目的。是年三月，宋廷正式颁行市易法，在开封设置市易务，以官钱100万贯作本钱，收购市上滞销货物，等待市场上需要时，商贾们以产业作抵押，5人以上作保，向市易务赊购货物以进行贩卖，半年或一年后，加息一分或二分归还市易务。此原为大商人操纵市场获取暴利的特权，此时收归市易务。此后又在各重要城市如杭州、广州、扬州等地设置市易务，而将开封市易务改为都提举市易司，管理全国市易务的运作。

方田均税条例：当时乡村土地兼并非常严重，拥有大量田地的富户、官户隐瞒田产，逃避赋税，而中下户卖掉土地后，却仍要负担原来的赋税。田产不实，赋税不均，成为一个严重社会问题。1072年（熙宁五年）八月，宋廷颁行方田均税条例。即每年九月，县官主持丈量土地，以东南西北各千步为一方，丈量后登录在籍，根据土地肥瘠等情况分别等级，作为赋税定额的依据，其为方田之法。原来的赋税额，以现在丈量的方田及其等级为准，荒瘠不毛之地以及山林陂塘沟路坟墓之地，皆不立税，而隐瞒田产、逃避赋税者，皆合并改正，此为均税法。此条例先在京东路实行，后推行于全国，丈量出大量隐漏的田产，为宋廷增加了大量税收。

同时，王安石还对军事、文化教育制度方面进行了变革。宋仁宗时期，宋朝军队人数空前庞大，而士兵缺少训练，因而战斗力非常薄弱，为此王安石于1069年（熙宁二年）开始精简军队，淘汰老弱，并规定禁军每营兵额，马军300人，步军400人，不符者裁并，1071年（熙宁四年），各地厢军也按禁军办法裁减。各州并为若干指挥，每指挥定额500人。经过裁减，全国禁军、厢军人数总额为80万人左右，较宋英宗时减少30余万，约减三分之一，节省了大量军费开支。在此基础上，宋廷改革兵制，颁行"将兵法"。1073年（熙宁六年）六月，宋神宗诏令京东62个指挥的禁军分隶诸路，差主兵官分部训练，以提高作战能力。次年九月，又诏令开封府界、河北、京东、京西地区分置37将，每将设置将、副将各一人，选经过战阵的武将充任，专掌训练。十二月，又于陕西设置42将。于是在与辽、西夏接壤地区，宋朝有了大量经过训练的军队，增强了抵御外敌的能力。此后在南方诸路也设将练兵，并规定各地将官可自专军政，州县不得干预。在裁并军队的同时，宋廷又于1070年（熙宁三年）颁行"保甲法"，在乡村中建立严密的治安网，加强地主武装，以防止和镇压农民的反抗。1072年（熙宁五年），宋神宗鉴于国家养马侵占大量田地，消费甚大，便想养马于民间而"省国费"，下诏于开封府界试行"保甲养马法"，随后推行于河东等 5 路。次年八月正式颁行保马法，此后推行到其他各路。保马可被保甲用来"袭逐盗贼"，用以加强保甲力量，同时还为宋廷节省了大批开支。将兵、保甲等法的推行，虽有防范民众反抗的用意，但其主要目的之一，还是为了加强国防力量，以对付辽、西夏之外患。

王安石十分注意培养和选拔变法所需人才，为此着手对教育、科举制度进行改革。宋朝官员大多来自科举，科举以进士科为主。进士科考试诗赋，以声病对偶定优劣；而明经科考试帖经（出题写某儒经中的某一句话，答写其下句）、墨义（出题写儒经文字一句，答写其注释文字），着重死背经文。于是应科举者往往闭门读书，习写诗赋，不谙世事，而困于无补之学，无益于世。王安石为此从 5 个方面进行改革：

其一，改革科举制度：废除明经科，应举人不再考试诗赋、帖经、墨义，而于《诗》《书》《易》《周礼》《礼记》中选治一经，兼治《论语》《孟子》；考试中主要考经书"大义"和时务策。其二，实行太学三舍法：整顿太学制度，开始推行三舍法，分外舍、内舍和上舍。初入学者为外舍生，经考试合格升内舍生，再考试合格升上舍生，上舍生成绩优异，可不经科举考试，直接授官。其三，发展地方州县学校教育：宋仁宗庆历年间诏令诸州、军设立官学，至此州县大都设置学校，并改州、县学教师由地方官聘任为朝廷直接授任，以强化对地方学校教育的控制。其四，颁行《三经新义》：王安石认为变法的成功，国家统治的稳定，必须以思想的一统为基础，即所谓"道德一于上，习俗成于下"。而当时科举考试和官学教学所用的虽都是儒家经典，但注释不一，难以达到"一道德"的目的，为此王安石亲自主持撰写《诗义》《书义》和《周礼义》(合称《三经新义》)，颁行于学校，作为学生学习的教科书、科举考试出题的依据和解释、评判儒家思想经典的标准，而使学者"归于一"。其五，设置专科学校：整顿太学后，宋廷又相继于京师设置了武学、律学、医学等，以培养变法所需要的各种经世致用人才。科举、学校教育方面的这些改革，使王安石的变法思想得以较广泛地传播，直至北宋末年，王安石的学说仍在太学中留有很大的影响。

虽然王安石变法的主要目的在于富国强兵，以维护宋朝统治的长治久安，但因"新法"或多或少触犯了享有特权的大官僚、大地主商人等利益，故招致他们的激烈反对。反对派攻击变法的主要理论依据是儒家学说中的所谓"君子不言利"之说，因而攻击均输法是"渔夺商人毫末之利"，攻击行青苗法是变高利贷者的多取为少取，但性质一样，犹如五十步与一百步之差别，而有失朝廷体面。甚至三司条例司内也出现了反对者，苏辙公然反对均输法，声称"朝廷破坏规矩，唯利是图，害处说不完"。在他们的四面围攻下，宋神宗一时动摇犹豫，但因为反对派尽是高唱道德伦理空论，而对于国家当前的财用困窘、国库空匮之危机，不能提出一策有效的解决办法，故其反对朝廷兴举财利的理由很薄弱，因此宋神宗在王安石的坚持和劝说下很快转变过来。于是反对者或自请出朝，或遭贬职，新法得以坚决推行。此后反对者将攻击目标从具体的新法措施转向政治思想方面，指责王安石"背儒崇法"，用管仲、商鞅权诈之术蛊惑、取媚天子，并攻击王安石不畏天命、不守"祖宗法度"，宋神宗至此就难以再安然处之了。

面对宋神宗的犹豫，王安石通过对儒家经典作出新的解释，说明变法有据。他声称均输法和青苗取息之法等，皆可溯源于《周礼》一书："理财乃所谓义也。一部《周礼》，理财居其半，周公岂为利哉！"《周礼》一书大约是战国时期学者依周制汇编增补成书，但宋人一般仍相信是西周初圣贤周公所作。1070年（熙宁三年）三月，反对派将王安石平日的言论归纳为"天变不足惧，人言不足恤，祖宗之法不足守"，以中伤王安石。儒学一向认为，天灾乃是昊天垂示人君的警告，并把这古老的训诫作为臣民规范天子的法宝；而宋太祖、宋太宗所制定的法令制度，经过宋真宗、宋仁宗诸朝，已成为不可变动的"祖宗家法"，变成保守派坚持因循苟且的一大招牌。因此当宋神宗询问王安石对外面流传的"三不足"一说的看法时，王安石理直气壮地表示："陛下亲自处理政事，没有流连享乐、荒淫奢侈行为，每做一事必定考虑是否伤害百姓，这就是惧天变。陛下征询、采纳人们的意见，不管贵显贫贱，唯言是从，这难道不是恤人言？然而人言固有不足恤者，如若合于义理，人言又何足恤！至于祖宗之法不足守，也是理所当然的。宋仁宗在位四十年，数次修敕令，如若法令一定，子孙就当世世遵循，为何祖宗还要屡次变改？"对于王安石的辩驳，宋神宗只是勉强接受，因而当天变人灾及反对派来自身边的皇族、后戚时，宋神宗欲通过变法以使宋朝富强起来的决心就再次动摇，作出了妥协。

宋都开封各工商行业除缴纳普通赋税外，官府所需的物品、人工，也都向各行勒派，成为京城工商行业的沉重负担。1073年（熙宁六年）四月，开封肉行徐中正等请求不再向各处供肉，愿仿照免役钱，缴纳免行役钱。八月，市易务颁行"免行条贯"，在开封商行中施行。即各行根据收利多少缴纳免行钱，免除行户对官府的供应，皇宫买卖货物，也须下经有关官司，由市易司估定物价高低。免行钱的收入，部分作为官员的俸禄。免行钱成为朝廷的又一笔收入，对商贾也较为有利，但一向对京城商行恣意勒索和从中渔利的皇族和后族及天子左右的宦官对此最为不满，并得到太皇太后曹氏（宋仁宗的皇后）、皇太后高氏（1032—1093）和宋神宗的皇后向氏（1046—1101）的支持。1074 年（熙宁七年）初，保守派又借上一年华山发生山崩和中原连年大旱，灾民被迫流亡之事为借口，纷纷上书指责变法触动了天怒。王安石反击道：“水、旱是常事，就是尧、汤之时也不免。陛下即位以来连年丰收，现今旱灾虽然时久，应当修人事以应付天灾。”宋神宗却回答道：“这不是小事。朕所以如此恐惧，正是因为人事未修啊！现今所取免行钱太重，人情怨愤，自近臣以至后族，没有不说免行法之危害者。”随着宋神宗态度的变化，变法派内部也发生了分裂。

王安石在与保守派论战中得到天子的坚决支持，而在短时间内将反对变法的台谏官几乎全部撤换，擢任支持变法的新人进入中枢要地。但宋朝皇帝向有“异论相搅”的做法，即注意不使一派势力过于强大，而使自己失去对政局的控制，为此宋神宗一直让反对变法的文彦博主持枢密院，此时又擢任与王安石保持一定距离的御史中丞冯京（1021—1094）、三司使吴充（1021—1080，王安石的姻亲）为枢密副使，以作为对王安石的牵制。王安石进行变法，最为信任和倚重的是吕惠卿和曾布（1036—1007）两人，所谓事无大小，必与之谋，而吕、曾两人也全力主持王安石变法。但吕惠卿与曾布两人都属于权力欲很强的人，彼此间关系一直处不好。三月，时任三司使的曾布见天子对王安石有所责问，便附从宋神宗旨意，竟联合倡导市易法的魏继宗，攻击推行免行法的市易司和提举市易务的吕嘉问，向天子表示：“臣所召问的行人，往往涕咽。陛下因为久旱而焦心忧虑，垂意于此，足以致雨。”于是宋神宗命曾布与吕惠卿检查市易务不便事，吕坚持新法，与曾布议论不合，曾布就向天子攻击吕惠卿。此时，曾从学于王安石的郑侠（1041—1119）在冯京（1021—1094）等暗中支持下，上所绘《流民图》，攻击新法：“若将一切掊克敛财不道之政罢去，十日之内再不下雨，即请斩臣首以谢欺君之罪。”而曹太皇太后与高太后也流涕对宋神宗指斥新法不便，称“王安石变乱天下”。四月六日，宋神宗下诏暂停青苗、免役、方田、保甲等新法。没料想到的是，据宋人记载，下诏之日果然天下大雨，深感无奈的王安石眼见无法继续执政，上章求去。吕惠卿等在天子前痛哭陈述谏劝，促使宋神宗改变主意，收回成命，新法推行如故，只是暂停方田均税一法，并再三挽留王安石。但王安石去意已坚，遂于是月十九日罢去王安石宰相职务，以观文殿大学士出知江宁府。王安石离京前，向天子推荐韩绛接替自己，擢升吕惠卿任参知政事，以辅佐天子继续未了之功。韩、吕两人坚守王安石所制定的成法，不少更变，因此反对派讥讽韩绛是"传法沙门"，吕惠卿是"护法善神"。

王安石罢相后，风波暂息。五月，章惇等受命继续调查市易务事，不久结案，曾布以"不觉察吏人教令行户添饰词理，不应奏而奏"和"奏事诈不实"罪，免职出知饶州（今江西鄱阳），魏继宗追官停职；而吕嘉问也以"不觉察杂买务多纳月息钱"罪免职。吕惠卿进而追究郑侠攻击免行钱事，冯京因此罢参知政事。

吕惠卿执政后，"希合"天子旨意，故颇得宋神宗的信任。七月，吕惠卿推行"手实法"，严格进行民户财物的清查，以此保证免役钱的平均交纳。但因手实法过于苛烈繁细，百姓不胜其困，于是天下之人复思王安石之政。吕惠卿害怕王安石重返政府，故百般设法，欲堵塞王安石回京师之路。当时秀州（今浙江嘉兴）团练使、宗室赵世居（？—1075）被人告发谋反，宋廷兴起大狱，牵连多人。与王安石相识的术士李士宁因以前曾赠诗给赵世居之母，故党附吕惠卿的御史邓绾

（1028—1086）等人在治理此狱中，有意置李士宁于死罪，欲以此牵连王安石。此时韩绛身为宰相，吕惠卿却并不将他放在眼中，引起韩绛的极度不满。韩绛自知不能制吕惠卿，就请求天子复召王安石为宰相。1075年（熙宁八年）二月，宋神宗重又起用王安石为相，深感处境不佳的王安石即刻赶赴京师执政。五月，赵世居狱了结，赵世居赐死，李士宁因所赠诗只是抄录了宋仁宗赐给大臣的挽诗，故得免死，以杖罪流放湖南。王安石由此度过了这一险滩，但变法派内部生出的嫌隙却较前更为深刻。

王安石再次拜相后，执政环境与当初相比已有了很大的不同。其一变法派内部不断分裂，力量削弱；其二宋神宗也不似熙宁初年那样重视王安石的意见，事多不从；其三保守派的攻击更烈，范围更广；其四王安石因身体有病，加上上述因素，其推进新法的态度也不似当初，屡屡"称病不治事"。因此在王安石复相的一年多时间内，新法难以继续向前推进。

八月，韩绛因人事任命上与王安石意见不合，坚请辞相。王安石、吕惠卿之间关系，因多种因素而日益破裂。以前曾党附吕惠卿的御史中丞邓绾为了弥补前失，便在王雱（1044—1076，王安石之子）的授意下，弹劾吕惠卿在华亭县

（今上海松江）借富民钱置买田产，由县吏收租，肆为奸利。吕惠卿也上章自辩，罗列与王安石议论不合之事。十月，吕惠卿罢参知政事，出知陈州（今河南淮阳）。权三司使章惇因与吕惠卿关系密切，也被论罢，出知湖州（今属浙江）。手实法也随之罢废。

变法派的分裂，给王安石以沉重的打击。1076 年（熙宁九年）春天，王安石屡次称病辞职，都为宋神宗挽留。六月，爱子王雱病死，王安石精神受到很大刺激，悲伤不堪，力请去职。十月，王安石第二次罢相，出判江宁府，次年又辞去判江宁府一职，退居金陵城东门外蒋山之麓，筑屋凿塘，读书吟诗，度过了人生的最后十年。

王安石罢相后，新法在宋神宗的主持下，基本上依然得到执行。宋神宗在通过变法以富国强兵这一点上，与王安石观点一致，但对于王安石欲通过变法而对王朝制度进行深刻的变革却持保留态度，至此天子对已有的改革成就相当满足，将变法目标转向兵制和官制方面，故王安石再次罢相后，就未再被起用。

王安石执政时，曾对一些闲散机构作了调整，并设置一些新的机构以推行新法，但对宋初以来官名与差遣不符的情况并未加改变。元丰年间（1078－1085），宋神宗对此进行了改革，称作"元丰改制"。其主要内容有：（一）使文官的官职名称与实际职务相一致，仿照《唐六典》重构三省六部九寺五监制度，凡是只领空名的机构一概撤销。（二）中枢以中书省取旨，门下省审核，尚书省执行，三省分班奏事，实权归中书。宰相同中书门下平章事改称尚书左仆射兼门下侍郎、右仆射兼中书侍郎，参知政事改称门下侍郎、中书侍郎和尚书左、右丞。（三）将原先的文散官二十九阶改为二十四阶，作为领取俸禄多少标准的寄禄官（亦称阶官）。（四）省并机构，如将三司并入户部和工部、审刑院并入刑部、审官院并入吏部、礼仪院并入礼部等。不过此次改制，只涉及京官以上的文官系统，中央其他杂官、武官、低级文官和地方官，都未加变动。当时还有人建议把掌管军政的枢密院归并兵部，但遭到宋神宗的驳斥："祖宗不愿兵权归执政，故专设此职统领，岂能废除！"因此改制后，枢密院仍保持独立，与相府抗衡。

元丰改制虽然存在着种种缺点和不足，但却建立起了较为集中统一的行政管理体系，更有利于皇权专制统治，在宋徽宗和南宋时曾对此制度有所增损和变革，但其基本制度一直实行到南宋末年。

王安石变法，虽因多种因素而未能达到预定的目标，但在一定程度上使宋朝摆脱了国贫兵弱的形象，国力较前大为增强。这一结果，引起了邻近诸国的很大不安。

1074 年（宋熙宁七年，辽咸雍十年）初，辽道宗（1032—1101）以宋朝河东地区沿边修筑堡铺侵入辽境为借口，派使臣萧禧来，要求重新划定边界。宋、辽使臣往来交涉，迁延不决。宋神宗怕因此与辽国兵戎相见，询问重臣韩琦、富弼等意见，韩琦等人便借此攻击推行新法而招致辽人疑惧，罢去新法，即可释此难。次年三月，萧禧再来，索取河东黄嵬山地（今山西北部黄嵬山）。王安石认为不应该满足辽国要求，并告诫宋神宗道："示弱太甚，是召兵之道。"吕惠卿也反对割地。六月，宋神宗派沈括（1031—1095）出使辽国。沈括依据旧日文书查明原来的议定边疆文书上写明双方以古长城为界，与黄嵬山相去 30 余里，以此折服辽人。于是辽人舍弃黄嵬山而争天池（今属山西宁武），七月，萧禧再次来宋。宋神宗不顾王安石的反对，说："看来不能和他争，虽然不讲理，也还得应付。"便派韩缜（1019—1097）使辽，接受以黄嵬山为界，割去河东地东西 700 里地，使辽国凭空获得大利。

此时，南方的交趾国（在今越南北部地区）也不断劫掠宋境。1075 年（熙宁八年）九月，交趾大举进攻宋朝广西路，先后攻占廉州（今广西合浦）、钦州（今广西灵山）和邕州（今广西南宁）等地，宋知邕州苏缄（1016—1076）自杀殉国，邕州军民被杀者 5 万余人。交趾兵所到之处，张贴榜文，竟然宣称"中国推行青苗、募役之法，穷困生民，我今出兵，欲相拯济"，欲因此使宋人惊恐混乱，从中渔利。为此，宋人决定迎头反击，宰相王安石亲自起草讨伐交趾的檄文，并命郭逵（1022—1088）为帅，率军南征。1076 年（熙宁九年）夏秋，宋军收复全部失地。不久王安石第二次罢相，对交趾的战争便在宋神宗的亲自指挥下进行。是年底，宋军进入交趾境内，在要地决里隘（今属越南高平省广渊南），用强弩击溃交趾象军的反扑，直抵富良江（今越南红河），距离交趾都城交州（今越南河内）90 里，击败交趾军主力数万人，交趾军统帅洪真太子（？—1076）被杀，交趾大将阮合被擒。交趾国王无计可施，只得奉表乞降，此后不敢再侵扰宋境，宋军班师而还。

王安石、宋神宗在推行富国强兵的新法时，其主要目的之一，就在于如何反击辽、西夏的侵扰，并进而恢复汉、唐旧疆，最终完成大一统之伟业。早在 1068 年（熙宁元年），时为地方小官的王韶（1030—1081）上《平戎策》，认为"西夏可取。欲取西夏，当先复河湟（今甘肃南部、青海东部一带），则夏人有腹背受敌之状"。这一建议得到宋神宗的重视。战略地位重要的湟水流域地区，当时由吐蕃人控制着，如宋人控制这一地区，使宋军可从东、南、西南3个方向威胁西夏。1071年（熙宁四年）八月，宋朝设置洮河安抚司，任王韶为长官，并在王安石全力支持下，开始了对河湟地区的经营；1072年（熙宁五年）八月，王韶率军击败吐蕃军队，拓地1200里，招抚30余万口；十月，宋朝于此设置熙河路，以王韶为经略安抚使；次年初，王韶率军占领河州（今甘肃东乡西南），随即行军1800余里，历时54天，进占洮州（今甘肃临潭）、岷州（今甘肃岷县）等州，经营河湟地区幅员2000余里，招抚吐蕃部落30余万帐，取得了空前的胜利。

熙河之役后，宋朝形成了对西夏的包围态势。1081年（元丰四年）三月，西夏惠宗李秉常（1060—1086，元昊之孙）被掌握国政的梁太后（？—1085）、权臣梁乙埋（？—1085）囚禁，而拥护皇帝的西夏将领拥兵自重，不听梁太后的指挥，西夏国内出现了分裂。宋神宗认为有机可乘，于八月命宋军兵分5路进攻西夏，李宪（1042—1092）兵出熙河路，种谔（1027—1083）兵出鄜延路，高遵裕（1027—1086）兵出环庆路，刘昌祚（约1022—1089）兵出泾原路，王中正（1029/1031—1099）兵出河东路。宋军出兵之初进展顺利，攻占了兰州(今属甘肃)、米脂(今属陕西)等城寨，梁乙埋所率的西夏大军也被宋刘昌祚部击败。宋刘昌祚部首先攻至灵州(今宁夏灵武)城下，随后高遵裕也率军赶到，围城18天，但未能破城而入。此时有一西夏老将向梁太后献策道，不须拒战，只要坚壁清野，纵敌深入，屯精兵于兴州(今宁夏·银川)、灵州一带，另派轻骑断宋军粮道，宋军必定不战自困。梁太后采用此策，宋军种谔、王中正等部都因缺粮溃退。随后西夏人决黄河水灌宋军营，宋兵冻溺死者无数，大败而归。灵州之战，宋军先后损失至40万人。

此次宋军进军中，曾一度攻入银州(今陕西米脂西北)、夏州(今陕西靖边北)、宥州(今陕西靖边西)，但都无力驻守。1082年(元丰五年)九月，宋神宗采用给事中徐禧(? —1082)的建议，在银、夏、宥3州界中修筑永乐城(今陕西米脂西北)，企图困扼兴州西夏军队。徐禧急速建城，19天后完工。西夏急调遣30万兵马屯军宋境北，围攻永乐城。永乐城中宋军甚众，但城池颇小，且无水源，宋兵多饥渴而死，军心不稳。西夏军急攻，宋军大败，永乐城被攻陷，徐禧等将校200余人战死，士兵民夫损失近20万人。西夏军队取得了重大胜利。

宋军两战皆败，损失惨重，宋神宗精神受到重大打击，据说宋军兵败永乐城的消息传来，宋神宗临朝痛哭，终于1085年（元丰八年）郁郁而亡，享年38岁。而西夏虽然在与宋的战争中取得了胜利，但因连年战争，与宋贸易停止，使国内财政困乏，民众怨愤，迫使梁太后、梁乙埋又恢复西夏惠宗的帝位。西夏惠宗随即向宋乞和，并要求宋朝将占领的西夏疆域归还给西夏，但遭到宋朝的拒绝。于是西夏多次发兵进攻宋境州县，但大都失败而还，损失甚重。也就在宋神宗病死前后，西夏权臣梁乙埋、梁太后和西夏惠宗相继病死，年仅3岁西夏崇宗（1083—1139）即位，梁乙埋之女梁氏（？—1099）和梁乙埋之子梁乙逋（？—1094）执掌朝政，皇族嵬名阿吴及大臣仁多保忠分掌兵权，嵬名、梁氏和仁多家族成为西夏国内三大权贵豪族，展开相互倾轧、争斗。而宋神宗死后，宋朝内部也展开了激烈的党争，无暇他顾，一时之间，宋夏战事得以暂息。

从"元祐更化"到"元祐党籍碑"

1085年(元丰八年)三月，宋神宗病死，刚满10岁的幼子赵煦即位，是为宋哲宗(1077—1100)。宋神宗之母高氏(1032—1093)被尊为太皇太后，垂帘听政，处理军国大事，以恢复"祖宗法度"为名，召用司马光为宰相，全面罢废新法。因是时年号为元祐，故人们将这一废除新法之事件称作"元祐更化"。

司马光于熙宁年间被贬出朝，长期居住于西京洛阳(今属河南)，团结了许多反对王安石变法的官僚，成为守旧派的代表人物，甚至被他们称作"真宰相"。是年五月，高太后擢任原来的宰执蔡确(1037—1093)、韩缜为左右宰相，章惇知枢密院事，而召司马光为门下侍郎，不久又召知扬州吕公著(1018—1089)为尚书左丞。蔡、韩两人虽是宰相，但实权掌握在得到高太后倚重的司马光、吕公著之手。而在司马光的主持下，反对变法的官僚如苏轼(1037—1101)、苏辙兄弟、刘挚（1030—1098）、吕大防（1027—1097）、范纯仁等人，纷纷被从地方上召用入朝，担任翰林学士、台谏官等要职，为排斥新党官员作准备。

当时宋廷官员认为宋神宗刚死，为人子的宋哲宗不应该骤改先帝法令，司马光力争道："王安石、吕惠卿所建新法，为天下大害，改变它就如同是救火、拯救溺水者。何况太皇太后是以母改子，不是以子改父！"人们不敢多言，废黜熙丰新法全面展开。

这年七月，罢保甲法。十一月，罢方田法。十二月，罢市易法，贬提举市易务吕嘉问知淮阳军；随即罢保马法。1086年（元祐元年）闰二月，台谏官刘挚、苏辙等上疏弹劾宰执蔡确、韩缜、章惇等朋比为奸，使蔡、韩先后罢官出朝，以司马光、吕公著为宰相。当时，司马光已得病卧床，却每每叹息道："四害未除，我死不瞑目！"即将青苗法、免役法、将兵法和对西夏作战视为四害。司马光欲废免役法，恢复差役旧法，但遭到章惇的坚决反对。章惇说："保甲、保马一天不罢，有一天之害，至于役法，如以差代雇，必须详议熟讲，或者才可施行。"并对司马光所谓反对施行免役法的理由中之破绽一一加以剖析，搞得司马光甚为狼狈。为顺利废除新法，那些台谏官立即上章攻击章惇，说他谗贼狠庆，欺罔天子圣明，也将他贬官出朝，而以范纯仁继任知枢密院事。但在保守派中，对恢复差役法一事持有不同意见者大有人在。苏轼反复劝说司马光："差役、免役之法各有利害，要骤罢免役而施行差役，恐怕不容易。"范纯仁也劝道："差役一事，尤其应当详细计议而缓慢推行。"大概是有鉴于自己体弱多病，来日无多，或对王安石变法过于仇恨，使往日议论处事颇为理智的司马光对反对意见一概不听，甚至不顾国家利害，凡是新法都必求罢废而后快。当时有人对司马光说道："熙丰臣僚中多有小人，他日若有人以父子之义劝说天子，则祸害必生。"司马光对此后果看来并非没有思考过，但感到十分无奈而没有处理之善法，只得厉声回答："上天如若保佑大宋，必定不会发生那样的事！"三月，司马光命令各地在 5 天之内将免役法改成差役法，同僚们都认为时间太急促，为害极大。此时只有知开封府蔡京（1047—1126）如期把京畿诸县的雇役改为差役。蔡京本为变法派中官员，其弟蔡卞（1058—1117）为王安石的女婿，现今如此作为，投机成分十分明显，为此遭到台谏官的激烈攻击，但司马光却高兴地称赞蔡京道："假使每个官员奉行朝廷法令都像你一样，差役法怎么不能施行！"司马光还一反前朝做法，允诺将宋军攻占的兰州、米脂等寨送还给西夏；并还打算将熙河一带也奉还西夏，但因遭到朝野一片反对而未能实行。八月，恢复常平旧法，废止青苗法，但不久又因国用不足，司马光的好友范纯仁建议再立散钱出息之法，司马光同意，并对高太后奏道："先朝散青苗钱，本为利民，现今禁止抑配，就没有什么害处。"几天后，司马光感觉不妥，又赶紧抱病入朝，向高太后表态说："是什么奸邪，劝陛下再行此事！"吓得范纯仁脸色立变，不敢出声，高太后也只好下诏停止再散发青苗钱。九月，司马光病死，但新法已基本被废。

俗话云"一朝天子一朝臣"，更何况旧党与新党之政见决然不同，因而旧党得势后，竭力贬责支持变法的官员。当时有人向司马光建议说："王安石居相位，中外没有不是其党之人，所以才能推行新法。现今只是起用二三个旧臣，六七个君子，如何能有作为？"于是在新党头面人物被贬后，旧党便以吕惠卿作为王安石的心腹，青苗、免役等法皆出其手，屡兴大狱，又与王安石互相攻击，猪狗不如，而使其自知太原府贬为建宁军节度副使，建州安置，不得签署公事。又于1087年（元祐二年）四月，以尚书左丞李清臣（1032—1102）反对罢废新法为罪名，贬职出朝。此后更进而指王安石、蔡确为奸党，梁焘（1034—1097）开列王安石亲党章惇、吕惠卿、曾布等30人，蔡确亲党蔡京等47人。列为奸党者，皆被贬职出为地方官，不能继续在朝任职。

虽然旧党对变法派的态度一致，但随着司马光病死和变法党人大都被贬出朝，其内部因政见之差异和为争权斗利，而分成数个小集团，形成洛、蜀、朔三党，互相倾轧攻毁。

起初，理学家程颐（1033—1107）因司马光的举荐，授任崇政殿说书，为11岁的宋哲宗讲说经学。程颐为人严肃而刻板，缺少人情味，为欲使人主德如尧舜，常常板起脸孔告诫天子，搞得幼君颇不自在。有一天，宋哲宗折了一条柳枝在玩，程颐一见，便正色说道："春天为万物生长之季，不可无故摧折草木，而有伤天地间的和气。"对此有人称誉程颐不愧为天子导师，但更多的人不以为然，连举荐他的司马光也曾感叹道："人主所以不欲亲近儒生，就是被这些人坏的事！"而极富才气、性情颇有些狂傲不拘的苏轼，对程颐更是反感。当司马光病死之日，百官正在朝中举行庆典，事毕后准备前往司马光府上吊唁，但遭到程颐的反对："孔子于这一日哭过，则不再唱歌。怎么可以庆贺才了，就去吊丧？"对此不近情理之语，即刻有人非难说："孔子并没有说过这一天歌唱过，就不能哀哭。"此时一旁的苏轼打趣道："这是枉死人叔孙通所制定的礼仪。"叔孙通为秦、汉时人，先仕秦，后从项羽，再归汉高祖刘邦，为刘邦采择古礼而定汉代一朝朝仪。现在苏轼称叔孙通是个枉死人，并将程颐比作叔孙通，引起程颐的极度不满，由此苏、程之间便产生了嫌隙，且日趋对立。

此时，程颐门人谏官贾易、朱光庭（1037—1094）等结成朋党，以程颐为首，因程颐为洛阳人，故称洛党。而苏轼、苏辙兄弟与御史吕陶（1027—1103）等也结成一党，因他们皆为四川人，故称为蜀党。而以河北人刘挚、梁焘等御史为主的官员，结成朔党。贾易、朱光庭因恩师无端被辱，上章弹劾苏轼，认为苏轼在主持学士院馆职考试时，所出的试题有讽刺祖宗朝政之嫌。苏轼当即上疏自辩，而吕陶也上章论奏贾、朱身为谏官，却公报私仇。御史王觌（1036—1103）、执政范纯仁等虽都认为苏轼所出试题的文字轻重有些不妥，但并没有讽刺祖宗之意。于是御史中丞俞宗愈、谏官孔文仲（1033—1088）等连章弹劾程颐"污下险巧，素无乡行，经筵陈说，僭横忘分"，被市井视为"五鬼"之首。程颐虽有迂腐刻板不近人情之处，但品行端正而无亏，是著名的理学家。而俞宗愈、孔文仲等也都被宋人称为贤者，但却如此诋毁程颐，可见在争权夺利的激烈党争中，品行道德之判断已不能以常情常理而论了。1087年（元祐二年）八月，遭人围攻的程颐被罢免崇政殿说书，出朝闲居。洛党对此结局大为不满，贾易上章弹劾吕陶与苏轼兄弟结党为私，并涉及宰相文彦博、范纯仁，招致高太后的不满，罢免贾易谏官之职，出知怀州（今河南沁阳）。

1089年（元祐四年），因蔡确所作《车盖亭诗》10首，被旧党指为讥讽高太后，使蔡确以重罪贬谪新州（今广东新兴）。宰相范纯仁向高太后进言："不可以语言文字之间，暧昧不明之过，诛窜大臣。"中书舍人彭汝砺（1041—1095）等官员也指出，这种做法实为"罗织罪名之始端"。但高太后一概不听，彭汝砺等人还遭到贬职处罚。被元祐臣僚誉为有"尧舜之明"的高太后，如此给前任宰相罗织罪名，必欲置之死地而后快，实有着不得已的原因。

原来在宋哲宗继位之初，社会上有一则流言，称高太后打算立宋神宗之弟为帝，而非宋哲宗，因宰相蔡确等的坚持，才未能得逞。因此此时有人提出蔡确有定策之功勋，希望赦免其罪。儒学传统向有"女子当国非社稷之福"的观点，而现在高太后不但垂帘听政，还以所谓"以母改子"的名义，将宋神宗的新法废除殆尽，其名实有不正之嫌；更严重的是，高太后还发觉幼主对自己独掌朝政、进行元祐更化一事甚为不满，虽自己对幼主多方开导，说宋神宗所行新法不好，为奸人所误，但并无多少效果。因此高太后非常担忧日后变法派借宋哲宗的力量东山再起，故欲借此将变法党人赶尽杀绝，以免死灰复燃。宰相吕大防也应和说蔡确党盛，不可不治。于是谏官刘安世（1048－1125）等人就转而攻击范纯仁也属蔡确一党，范纯仁为此罢相出朝。蔡确后死于贬所。蔡确在宋神宗时，靠投机钻营，屡兴大狱，陷人于罪，而升任宰相，至此被人无故陷于罪狱，也算是天网恢恢了。

1091年（元祐六年）二月，刘挚出任宰相，但因其所谓"持心少恕，勇于去恶"，而与吕大防不和。御史杨畏（1044－1112）依附吕大防，奏劾刘挚结缘"新党"，作为他日天子亲政后的党援。十一月，刘挚罢相，给事中朱光庭（1037－1094）为刘挚辩解，也被贬职，出知亳州（今属安徽）。在朝中旧党官僚结党营私、互相攻击，陷于一片混斗之际，高太后于1093年（元祐八年）九月病死，宋哲宗亲政，朝政即刻发生了剧变，久被压制的新党东山再起。

在高太后当政时，宰执重臣遇事奏请太后，大都不以宋哲宗为意，招致天子的极大不满。至此，那些大臣深感形势不利，翰林学士范祖禹（1041－1098）、执政苏辙等纷纷上疏天子，解释高太后更张先帝政治，都出于不得已而为之，并非出于私意，而且所改之事既是生民所便，所逐之人亦是天下之恶，社稷因此危而复安，民心因此离而复合，故坚请宋哲宗要"明析是非,斥远佞人",而牢守元祐之政。虽然洛、蜀、朔党相互攻讦不绝,但对新党的态度却是众口一词。但新天子对他们的苦口婆心之说教一概不理,而新党官吏开始四出活动,重新起用章惇的呼声也传入天子之耳。时任端明殿学士的苏轼眼见政局有变,首请出朝,出知定州(今属河北),以求躲避目下即将发生的灾祸。

是年十二月,因宰相吕大防的赏识而得以提拔升迁的礼部侍郎杨畏(1044—1112)首先上疏,称"宋神宗更法立制以垂示万代",请宋哲宗继述熙宁、元丰政治,并称誉王安石的学术、政治成就,上列章惇、吕惠卿、安焘(1034—1108)、邓润甫(1027—1094)、李清臣等人名字,请召用章惇为宰相。1094年(绍圣元年)二月,宋哲宗擢任李清臣为中书侍郎,邓润甫为尚书右丞。三月,李清臣在殿试进士时,出题指责元祐废罢新法之罪。苏辙上疏攻击,引起天子大怒,罢苏辙门下侍郎之职,出知汝州。当时主持礼部进士考试的考官,将赞成元祐更化的考生擢为上第,而主持殿试考试的考官为杨畏,凡是赞同熙宁、元丰变法的都升为上第。于是"绍述"宋神宗新法的舆论大兴,政局为之一变。

是月,吕大防罢相,出知永兴军。宋哲宗起用曾布为翰林学士,张商英(1043—1122)为谏官。张商英请恢复宋神宗故事，曾布请"改元以顺天意"，于是宋哲宗下诏改元祐九年为绍圣元年，向天下表明继承宋神宗变法的决心。四月，章惇拜宰相。翰林学士范祖禹（1041—1098）因反对用章惇而被罢职，宰相范纯仁眼见形势如此发展，难以作为，便自请辞官，出知颖昌府。章惇荐引在元祐时遭冷落的新党官吏出任要职，如曾布任同知枢密院事，安焘为门下侍郎，蔡卞为尚书右丞，蔡京为户部尚书，林希（1035—1101）为中书舍人，黄履（1030—1101）为御史中丞等。在宋哲宗的支持下，新党再度执掌朝政，绍述宋神宗之政。宋哲宗亲政7年，所为大事有恢复新法、贬黜元祐党人和与西夏作战等。

绍述政治，本以继承宋神宗新法为名，但当时执政者将主要精力用以打击旧党上，故章惇等人虽然逐渐恢复了熙宁、元丰时期的新法，但并不能如王安石那样欲通过变法来改善宋廷的政治经济形势，从而使新法有些变味了。章惇为宰相后，首先恢复免役法。当时宋廷对如何改差役为雇役，议论多日，而难以决断，于是蔡京告诉章惇说："取来熙宁时的现存制度施行就行了，有什么可讨论的！"为章惇所接受，只是改免役宽剩钱不得过一分（元丰时限二分）。蔡京在元祐初，秉承司马光的旨意，在5天内将开封府界的雇役改成差役，现在又如此说，故被人攻击为奸佞反复之徒。是年又恢复了免行钱、保甲法。次年又恢复青苗法，禁止抑配，只收一分息。1097年（绍圣四年）复置市易务，用现钱交易，收息不过二分，不许赊请。随后，章惇主持编定常平免役敕令成书，颁行全国。

虽然在这数年中，新法只是恢复到王安石罢相后元丰时的状况，但章惇等人对元祐党人的打击可说是全力以赴，不遗余力。

1094年（绍圣元年）七月，台谏官黄履、张商英等上疏论劾司马光变更先朝之法，叛道逆理。于是宋哲宗追夺司马光、吕公著死后所赠谥号，毁所立墓碑；贬吕大防、刘挚、苏辙、梁焘等官，并昭告天下。当时章惇、蔡卞还请求天子发司马光、吕公著墓，毁棺暴尸，并流放文彦博以下30余人到岭南去。但为李清臣等人所劝阻，认为这不是"盛德事"。十二月，元祐时史官范祖禹、黄庭坚（1045—1105）等所修撰的《神宗实录》因有诋毁宋神宗的言论，而遭贬谪，遣送外州安置。次年八月，又下诏曰吕大防等人永远不得任用及恩赦。范纯仁因上疏请将吕大防等原放，而遭到御史攻击，落职徙知随州（今属湖州）。1097年（绍圣四年）初，再次追贬司马光、吕公著等已死诸人官爵，未死的吕大防、刘挚、苏辙、梁焘、范纯仁等人都被流放到岭南，已致仕的文彦博由太师贬为太子少保，其余元祐党人30余人也随之贬官。章惇又请选官编类元祐章疏，即将高太后垂帘听政9年期间臣僚所上章疏汇编成帙，进行严格审查，凡有攻击熙宁、元丰政治，赞美元祐更化言论的，一概予以处分，无有逃脱者。不久，又兴同文馆狱，想以元祐党人与高太后勾结谋废宋哲宗的罪名，追废高太后为庶人，并借此诛杀旧党，后因宋哲宗的反对，才未广泛株连，只是禁锢刘挚、安焘等元祐党人子弟于岭南，或不得为官。1099年（元符二年），有臣下上疏认为元祐时司马光等设置诉理所，"凡是在熙宁、元丰时反对变法而遭到贬谪者，都得以昭雪，使归怨先帝，收恩私室"，于是便以元祐之道还置其身，设置看详元祐诉理所，凡当时经诉理者一概摘录其姓名，归入另册，由此得罪者达到800余人。

对元祐党人迭起高潮的打击，不久就影响到深宫之中。当初在高太后的主持下，宋哲宗立皇后孟氏（1073—1131），此时宋哲宗宠爱妃嫔刘婕好（1079—1113），而刘婕好颇有取孟皇后而代之的野心。1096年（绍圣三年），孟皇后的女儿生病，孟皇后的姐姐求了道士的符水带进宫中，让小公主喝。孟皇后得知后大惊，因为行巫术、求符水是深宫中的大禁忌，如被人诬告，会酿成大祸，即刻藏起，并告知天子。

宋哲宗安慰皇后说："这也是人之常情，不必深罪。"不久又发生了皇后的养母和女尼为皇后祷祠祝福之事，刘婕好的亲信太监郝随得此消息，即刻报告天子说孟皇后在宫中行巫术，请天子清查严办。于是派太监梁从政等逮捕皇后宫中太监、宫女近30人，严刑逼供，屈打成招。宋哲宗为求稳妥，又派御史董敦逸（1031—1101）复查。董敦逸看到被逮捕的太监、宫女个个遍体鳞伤，甚至只剩下一口气的，深感怀疑，但在郝随等的威胁下，畏祸屈服。此时章惇想通过追究孟皇后之罪，来达到其追废高太后的企图，便极力赞成此狱。是年九月，宋哲宗废孟皇后为庶人，出居瑶华宫，号华阳教主、玉清妙静仙师。孟皇后被废后，章惇、郝随多次请立刘婕好为皇后，但宋哲宗似乎对废孟皇后一事心中有愧，一直未予答应。1099年（元符二年），刘婕好生下儿子，取名赵茂（1099—1099），宋哲宗大喜，随即册立刘婕好为皇后。谏官邹浩（1060—1111）为此上疏极论，但天子不听纳，反将他贬出朝廷。

与元祐时旧党全面执掌朝政之后，因争权夺利而分成洛、蜀、朔三党相类似，章惇等人执掌朝政、贬斥元祐党人略尽时，其内部也因权力之争而发生分化。其初，曾布向宋哲宗攻击吕惠卿，称吕惠卿为人阴险深刻，不宜在朝，使吕惠卿因此始终任外官。1095年（绍圣二年），门下侍郎安焘因为反对章惇随意贬谪元祐党人，罢职出知郑州。而中书侍郎叶清臣因反对章惇欲将文彦博等前朝元老大臣流放至岭南，从而与章惇有隙，于1097年（绍圣四年）初贬谪出知河南府。杨畏在宋神宗时是变法派，元祐时一度附和吕大防，高太后死，又最先主张恢复新法，谏官孙谔（1051—1109）因此攻击他是"杨三变"，杨畏由此落职。孙谔主张免役法兼采用元丰、元祐制度，蔡京便攻击他是欲申元祐之奸，而被罢职。又曾布任同知枢密院事，实出于章惇的引荐，欲因此牵制知枢密院事韩忠彦（1038—1109）。此后韩忠彦被排挤出朝，曾布升任知枢密院事，而章惇担忧曾布势力过大，便擢任林希为同知枢密院事，以牵制曾布。于是曾布与章惇之间产生很深的矛盾，常常在天子面前攻击章惇引用小人，"专恣弄权，日甚一日"；后来甚至指责章惇、蔡卞对元祐党人贬谪过分是"报私怨"。宋代帝王有让不同意见或不同政见之人同处朝廷，使"异论相搅"的做法，曾布对此心领神会，有意作为"异论"之人出现，从而得到天子的信任。在天子的纵容下，使朝中新党与元祐党人之争、新党内部权力之争、朝中大臣与宫禁后妃之争交织在一起，闹得不可开交。

但宋哲宗绍述熙宁、元丰政治，一反元祐时对西夏屈辱退避政策，重新对西夏取攻势，称"绍圣开边"，取得了前所未有的胜利。

元祐时期，西夏屡次出兵进攻宋边州。至此章惇、曾布劝说宋哲宗断绝岁赐，实行进筑堡寨、开拓疆土的强硬政策。1096年（绍圣三年），西夏当国的梁太后举兵进攻宋鄜延路，号称50万兵，攻破金明寨。事后西夏人将宋军俘虏送给辽朝，以求争取辽人的支持。此时辽朝也国力趋弱，不再敢为支持西夏而冒与宋朝决裂开战的风险，故只是派出部分军队驻屯在边境上，遥为声援而已。次年，各路宋军还击西夏：宋将李沂破洪州（今陕西靖边西南），张存入盐州（今陕西定边），王愍取宥州，知渭州章楶（1027—1102）率四路宋军进入葫芦河川（今宁夏清水河谷），构筑平夏城（今宁夏固原西北黄铎堡），并在平夏城南建灵平寨（今宁夏固原王浩堡）。这平夏城北通兴灵府，西连天都山，可扼制西夏南侵路线，地位要冲，且居渭州以西数百里山野的中心，地宜农牧。筑城时，西夏就曾发兵来争，但被宋军击退。此时宋人吸取宋仁宗、神宗时集中大军，远击重镇，欲毕其功于一役，反而屡遭惨败的教训，采取"浅攻扰耕"的战法，即宋朝沿边各路都修筑堡寨，屯兵耕作，而宋军之间互相声援应接，避免被西夏兵各个击破，因而取得了很大的成效，当年各路共修筑有 50 余个城寨，对西夏形成步步进逼的态势。

西夏失去平夏城一带战略要地，军民怨愤，说："唱歌行乐的土地，都被宋人占去，以后怎么办？"1098 年（元符元年）十月，梁太后率西夏 40 万大军，直奔平夏城，连营百里，造攻城的高车，运兵填濠而进，又用飞石激火攻城，昼夜不息。历 13 天，死伤万余人，而宋人城守依旧。此时西夏人粮食渐尽，忽然狂风大作，高车被震折，梁太后只得怀恨退兵。十二月，章楶派部将率 2000 骑乘虚潜入天都山，擒获西夏统军嵬名阿埋和监军妹勒都逋两员勇将，并获其部众 3000 余人，牛羊 10 多万头。宋朝于此地设西安州（今宁夏海原西），驻兵镇守。天都山居于平夏城之西，地势险要，介于五路之间，西夏出兵南下，必定先在此点兵集合，然后议定南侵的方向，因此成为宋、西夏之间的必争之要地。此时，宋军在东线的横山一带也取得了很大的进展。由于天都山、横山被宋朝占领，西夏欲南进，必须先穿越边境上的沙漠地区，从而造成聚兵运粮上的困难，因此在军事上处于被动的困境。梁太后兵败，向辽求救。1099 年（宋元符二年，辽寿昌五年）正月，西夏梁太后死。据说是辽道宗（1032—1101）厌恶她的傲慢专权，故派使臣借机毒杀了她。随后，年仅 15 岁的西夏崇宗李乾顺（1083—1139）在辽朝的支持下亲政。在辽国斡旋下，宋廷答应西夏的谢罪求和。宋朝因此取得了自西夏建国以来从未有过的胜利。

1100年（元符三年）正月，年仅25岁的宋哲宗病死，而其唯一的儿子赵茂，出生2个月后夭折，因此何人继承皇位又再次成为宋朝大臣焦心之事。

倾向旧党的宋神宗皇后向氏主张立宋哲宗的异母弟端王赵佶（1082—1135），但宰相章惇认为应立宋哲宗的同母弟简王赵似（？—1106），或宋哲宗的异母长兄申王赵佖（？—1106），并认为端王赵佶"为人轻佻，不可以君天下"。正在僵持不下，惯于见风使舵的曾布一声断喝："章惇听太后处分。"此时在旁静观事态发展的执政蔡卞等人也表示赞同曾布的意见，于是向皇后宣称："先帝曾说端王有福寿，而且仁爱恭孝。"在曾布等的支持下，赵佶即位，是为宋徽宗，而尊向太后"权同处分军国事"。

章惇的为人处事虽颇多争议，但在宋徽宗即位问题上却说了一句大有见地之语，随着时间的推移，可知"轻佻"的宋徽宗确实不能担负起"君天下"之重任，终于导致北宋的亡国。然而此时章惇却是人孤势单，忠言未被采纳，却为此付出惨重代价，招致新天子的报复，贬谪而死。而在新天子的册立上建有大功的曾布，因此赢得宋徽宗的宠任，顺理成章地取代了章惇的相位。

掌握实权的向太后于是年二月便起用韩忠彦（1038—1109）为门下侍郎，随即擢任右宰相。韩、曾首先荐举反对章惇恢复新法的陈瓘（1057 或 1060—1124）和邹浩（1060—1111）为谏官，龚夬（1057—1111）为御史，控制了台谏官的言路。此后恢复了范纯仁的官职，进而追复文彦博、司马光、吕公著、吕大防、刘挚等 33 人的官爵，元祐党人先后重任要职。五月，龚夬等弹劾蔡卞在宋哲宗朝帮助章惇陷害"故老元辅"，将其罢职出朝，有关官员也被指为"卞党"而遭清洗。九月，章惇以营建宋哲宗陵墓"无状"的罪名罢相，随后蔡京、林希等人几乎全部被罢黜出朝。十月，韩忠彦升迁为左宰相，以曾布为右宰相。韩、曾全面掌握了朝政。在此期间，孟皇后也被恢复了后位，自瑶华宫迎回宫禁，尊为元祐皇后。一时气象大变，而向太后当国的这一段时期，也因此被反对新法的人誉为"小元祐"。但表面上的按部就班，并未能弥补深刻的内在矛盾，而冰面下的暗流涌动，昭示着日后的党争更为残酷、黑暗。

曾布深知日趋激烈的党争对帝国统治有害无益，故建议新天子采取折中调和新旧两党之政策，宋徽宗采用了这一建议，决定改次年年号为建中靖国，以昭示天下。但令曾布和宋徽宗未曾料到的是，恩怨极深的激烈党争并不因调停之说而暂息，更令曾布尴尬的是，新党对此调停之说大为不满，而元祐党人虽因曾布的引荐而登台，但他们却不曾因此而抛弃宿怨，并首先将攻击矛头指向了他。侍御史陈次升（1044—1119）指责曾布"独擅国权，进用匪人，轻视同僚，威福由己"，谏官任伯雨（1047—1119）也称"自古未有君子小人杂然并进而可以致治者，欲二者并进，结果只能是君子尽去，小人独留"。曾布为此遭到天子的嘲笑："他们是这样报恩的。"1101年（建中靖国元年）正月，向太后病死，宋徽宗亲政。宋徽宗认为再持调停之说，两面都讨不了好。而曾布也为了反击元祐党人的攻击，又回过头来祭起变法之法宝，建议宋徽宗绍述父兄政治，排挤元祐党人出朝。

此时起居郎邓洵武（1057—1121）对宋徽宗说："韩忠彦是韩琦之子，韩琦曾反对神宗变法，故现今韩忠彦更变新法，是继承父志。陛下为神宗之子，却反而不能绍述先帝大业。"并上呈《爱莫助之图》，将朝中百官按其政治态度分成左右两列，左为能助绍述之官员，仅蔡京、温益（1037—1102）等数人，右为主张元祐之政者，满朝官员大都皆是。故邓洵武认为："陛下必欲绍述神宗政治，非拜蔡京为宰相不可。"于是宋徽宗决定改次年年号曰崇宁，即崇尚熙宁之意，以推行绍述政治。

蔡京此时罢官闲居杭州，结识了来江南为天子访求古玩字画的太监童贯（1054—1126）。蔡京在绘画、书法上的造诣很高，尤其写得一手好字，深得王羲之笔意，甚为宋徽宗所赏识。童贯还京，将蔡京所作的书画屏障扇带之类物品呈送天子面前，并说了蔡京不少好话。至此，宋徽宗决意重新起用蔡京。曾布与蔡京矛盾极深，坚决反对天子的这一决定。然而左相韩忠彦对曾布的专权十分不满，欲引用蔡京来抗衡曾布。韩忠彦被后世称为贤者，但其政治敏锐性较曾布大为不及，因而作出引用蔡京的决定。曾布眼见不能阻止蔡京还朝，便先韩忠彦接纳蔡京，以此排挤韩忠彦。1102年（崇宁元年）五月，韩忠彦罢相出朝。六月，蔡京擢任尚书左丞。蔡京并不以此满足，极力排挤曾布。闰六月，曾布也随之罢相，出知润州（今江苏镇江）。七月，蔡京如愿以偿得以拜相，推行绍述政治，打击政敌。

蔡京一上台，就仿效王安石设立三司条例司的做法，置讲议司，议定宋神宗时已行法度和未及施行之法，大肆更张制度，法令屡更，使王安石所推行的新法完全变了味道，变成聚敛民脂民膏的工具。为了压制反对意见，是年九月，又定司马光、文彦博、吕公著、吕大防、刘挚、范纯仁等120

人为元祐奸党，由宋徽宗书写刻碑，称"党人碑"，立于朝廷端礼门，已死者削官，生者贬窜。又将元符末向太后当国时，主张维持新法和恢复旧法的官员分为正邪两类，再分为上、中、下三等，归入邪类的500余人，都加以降责。而不久前因向太后的坚持，刚恢复皇后位号的孟皇后也再次被罢免后号，出居瑶华宫。1104年（崇宁三年），蔡京合元祐、元符党人为一籍，共309人，刻石朝堂。此次党籍碑中人物，不但有反对新法者，还包括绍述主将如章惇、曾布、张商英等人，即蔡京将与自己政见不同者，或为自己所恶者，都归入奸党之籍。1106年（崇宁五年），宋徽宗因彗星出现于西方天空，接受臣下建议，毁元祐党人碑以应天变。但宋徽宗害怕蔡京的反对，只得在半夜派太监到朝堂毁去石碑。蔡京得知后，还是厉声宣称："石碑可毁，奸党之名不可灭。"果然，终宋徽宗一朝，党禁时松时紧，但终未废去。

　　党籍碑的树立，固然有宋徽宗、蔡京清除异己者的原因，但这也是自王安石变法以来党争愈演愈烈无法调停平息的必然结果。蔡京将新、旧两党一锅煮，朝中大臣尽为其私人党羽，使朝中舆论一律，而反对意见不再上闻，从而使朝政日趋黑暗腐朽，君臣日趋淫佚奢靡，终至不可收拾而土崩瓦解。

六贼、"花石纲"与方腊起义

宋徽宗在艺术上造诣颇深，于诗词、书画上均有上乘之作：宋徽宗平日"翰墨不倦"，行、草、正书，笔势劲逸，其书法别成一格，号瘦金体。他自幼酷爱绘画艺术，《图绘宝鉴》称其"丹青卷轴，具天纵之妙，有晋、唐风韵"，而最受后人称道的是他的花鸟画，"一羽毛，一卉木，皆精妙过人"。宋朝绘画在他的积极参与推动下，至此达到鼎盛时期，好手如云，名家辈出。徽宗敕令编撰的《宣和书谱》《宣和画谱》，是后人研究宋朝以前书画艺术不可多得的珍贵资料。此外，宋徽宗的早期诗词工于格律，意味隽永；在其被金人俘虏以后，凄风苦雨、长夜漫漫的经历，桑梓之邦的思念，使他在山水迢迢的异国他乡所成的作品中感叹身世，悲怆欲绝，一扫其以前作品中的靡丽奢华，甚有艺术天分。但在政治上，宋徽宗是中国历史上著名的昏君，对北宋王朝的灭亡应负主责。

宋徽宗生性好大喜功，奢侈荒淫，自即位以来，宠信重用蔡京、童贯等佞臣，使民怨日深，社会矛盾加剧。

宋徽宗即位之初，生活上还算有所克制。蔡京为邀宠固位，极力怂恿宋徽宗奢侈放纵，宣言：《易经》说：凡太平盛世，必然要丰、亨、豫、大。《周礼》说：'唯王不会（会计之意）。'君王当享用天下之奉。"从此宋徽宗就打着"丰亨豫大"和"唯王不会"的招牌，开始大肆挥霍。而穷奢极欲的挥霍，造成国库匮乏，于是蔡京想方设法掠夺民财，以供皇帝一人之用：借收各种名目的雇役钱，任意勒索，使各路规定年贡额度，比原额增加了十多倍；恢复榷茶法，允许茶商贩卖，由官府"抽盘"（抽税）后，批给"茶引"（经营茶叶的凭证），使朝廷一年的茶税收入增至400余万贯，其中100万贯供皇帝"御用"；改盐钞法，由商人先向朝廷出钱买盐钞，然后凭盐钞领盐贩卖，盐钞屡变，朝廷获取暴利，大小盐商均受亏损，有赴水、自缢而死者。因此从表面看，其时宋朝还维系着"国富民安、歌舞升平"的幻象，有着说不尽的靡丽繁华，穷工极功者触目皆是，但其实质上已隐藏着极其深刻的社会危机，动摇了宋朝的统治基础，一有变故，内患即刻爆发，而形成土崩瓦解之势。但蔡京却因此权倾中外，位极人臣，在徽宗一朝曾四次为相，长达17年之久，呼朋引党，排斥异己，朝廷上的执政侍从等显宦，地方上的帅臣、监司等要职，皆为其门人、亲戚所占。每逢其生日，天下各州郡皆有贡献，号为"生辰纲"。因此之故，蔡京被人指斥为祸国殃民的"六贼"之首。

与蔡京齐名的童贯因性格媚巧，自幼服侍宫掖，善测人主之意，很得宋徽宗信任。蔡京因自己拜相凭借着童贯的援引之力，便力主童贯以监军身份主持宋军开边青唐的战役，并破坏宋太祖、宋太宗有鉴于唐朝宦官弄权，覆灭社稷的教训，规定宦官不得为节度使领兵主军的制度，而擢升童贯为节度使，以互相勾结，擅权营私。此后童贯官拜太尉、领枢密院事，执掌朝廷兵政，被人称作"媪相"（媪，指老年妇人，因童贯为宦官，故以此戏称），而权倾四方。童贯汲引群小，结派树党，移置将吏，鬻卖官爵，升降进黜，全凭个人好恶，甚至其家中奴仆使卒中官拜承宣使、防御使、团练使、刺史者达数百人之多；他又生活奢侈，贪得无厌，于是一时奸赃小人争相归附，贿赂公行，门庭若市，使家中"金帛宝玉，充积如山，私家所藏，多于府库"。无怪乎当时流传有"打破筒（童贯），泼了菜（蔡京），便是人间好世界"的呼声了。

列入"六贼"的还有王黼、朱勔及宦官李彦、梁师成。

王黼（1079—1126）是个阴险狡诈、反复无常的小人，初依附蔡京而擢任执政，随即排去蔡京而代之，穷极富贵，多蓄子女玉帛以自奉，并订出市价，公然受贿卖官鬻爵，即所谓"三千索，直秘阁；五百贯，擢通判"。王黼为博得宋徽宗的欢心，不惜亲自为俳优鄙贱之技来献媚取宠，全然不顾大臣体统，但由此深得宋徽宗的宠渥。

梁师成（？—1126）以太监亲文墨，有宠于宋徽宗，凡御书号令皆出其手。但他胆大妄为，让一些善书小吏摹仿宋徽宗笔迹，混于诏书之中，外人莫辨真伪。梁师成由此窃得用人之柄而权势熏灼，趋进之徒争相附丽，宰相王黼事之如父，执政、侍从出其门者不可胜计，连蔡京父子也趋事不暇，京师人称之为"隐相"。宋朝制度，典诰诏令各自有体，但梁师成却自创格式，士大夫一或违背，立遭贬责，朝廷制度至此大坏。

朱勔（1075—1126）因进奉花石纲而得宠于宋徽宗，主持苏州应奉局达 20 年之久，出入宫禁可以不避嫔妃，声势煊赫，谄事之人即得官，不附己者辄罢去，当时号为"东南小朝廷"。他所居之处堂皇富丽，可比美于皇宫，甲第名园遍布江南，田产跨连州县，每年收租可达十万余石。后来方腊起义，即以"诛朱勔"为名。

李彦（？—1126）于 1121 年（宣和三年）继宦官杨戩任

西城所提举官。杨戬（？—1121）为搜刮钱财供宋徽宗挥霍，于汝州（今属河南）设西城所，在京东西、淮西北一带根括民田，逼民租佃荒山、退滩等地，一旦定下租税，虽遇天灾不能减；又在山东梁山泊等湖沼地带征收租税和船舶费，一县高达十余万缗，虽水旱灾荒也不得免。而李彦又变本加厉，并仿效朱勔进奉花石纲，劳民伤农，使农人多饿死或自缢于运输途中。梁山泊附近"人不堪命，皆去而为盗"，那些衣食无着的渔民，大都加入了义军，转战于千顷碧波之间。当时人们称朱勔结怨于东南，李彦结怨于西北。

与"六贼"一起结党营私、掌权祸国、排斥异己、公行贿赂使内外俱困、天怒人怨的奸臣贪官还有李邦彦、高俅等人。李邦彦（？—1130）原为市井小人，自称"李浪子"，因结交宦官，得以不次擢升，在宣和七年（1125）竟当上了宰相。但他并没有治国安天下的本领，只会谄佞取悦天子。高俅（？—1126）因结识即位前的宋徽宗，在宋徽宗登基后得以不次迁升，不数年，官拜使相，领殿前司，掌管禁军事务。高俅自恃天子昵幸，胆大妄为，使士气涣散，武备废弛，部队几无战斗力可言，其恶果到金兵南下时得到充分显露，宋军非降则溃，女真军锋所至，摧枯拉朽，如入无人之境。

在这些奸佞的簇拥下，宋徽宗大兴土木，多次扩建皇宫，仍嫌不够气派，于是在蔡京的主持下，派童贯、杨戬等宦官负责扩建延福宫，形成5个风格迥异的建筑群落，殿阁亭台，宽阔宏大，金碧辉煌，相互辉映，作为宴集游赏之地。同时，极为佞信道教的宋徽宗大建道观，宠信道士林灵素（1075—1119）。林灵素对天子大言道："天有九霄，最高是神霄，主持神霄的是上帝长子，号长生大帝君。陛下就是长生大帝君下凡。"而宋徽宗左右臣侍，都是天上仙人仙姬下凡，辅佐大帝君。宋徽宗因此大喜，在自己的出生地建玉清神霄宫，铸造神霄九鼎，又在皇宫附近建上清宝箓宫，各地皆建神霄万寿宫。林灵素在宫中聚道士讲道，宋徽宗在旁设帐听讲。蔡京等便上尊号称宋徽宗为"教主道君皇帝"。皇帝为显示自己虔心道教，遍建道观，广度道士，置立"道学"，设立道官，并一度欲尽废佛教。1117年（政和七年），宋徽宗听从道士风水之说，下诏在京城东北角仿效杭州凤凰山修筑万岁山（后改名艮岳），命宦官梁师成主持此事，至1122年（宣和四年）全部竣工。山峰高90步，周围广袤十余里，山高壑深，林泉幽美，亭台楼观不可胜纪，巧夺天工，四方花竹奇石、珍禽异兽，无不毕有。

修筑艮岳所需的大量花石，皆从江浙、湖广地区用船运来，称作"花石纲"。因为运送花石的船队，一队称一纲，故名。运送花石，耗费巨大，"一花费数千缗，一石费数万缗"，而花石纲众多，舳舻相衔于连接东南与开封的运河之中。为搜寻奇石异花，江南数十州内，无论是深山幽谷，还是大泽深渊，几无遗漏，而主持花石纲的朱勔等奸臣赃官乘机盘剥百姓，不知使多少万户倾家荡产，多少万人死于非命，终于官逼民反，爆发了声势浩大的农民起义。

北宋后期，摩尼教在两浙地区民间广为传播。摩尼教于唐代自波斯传入中国，主张"二宗三际"之说。"二宗"指互相对立的光明和黑暗，"三际"指初际、中际和后际，分别代表过去、现在和未来。其教义认为现在被黑暗所侵入，光明正与黑暗斗争，将来（后际）光明必定战胜黑暗，到达"明界"，求得人们的光明和幸福。入教者男女平等，不吃荤酒，死后裸葬，平时分财互助，因而被史书称作"吃菜事魔"。人们往往利用摩尼教号召反抗黑暗的现世，创造光明平等的未来，因而遭到宋廷的严厉禁止，使其教徒转入地下，"夜聚晓散"，但信奉者因社会矛盾深重而益多。

方腊（？—1121）家住睦州青溪（今浙江淳安）西帮源洞，家中拥有一座漆园。当时方腊正利用摩尼教从事起义活动，为里正方有常（？—1120）察觉，即报告官府。方腊于是杀死方有常，号众起义，时为1120年（宣和二年）十月。方腊以"诛朱勔"为名，诛杀官吏公差人，深受花石纲之害的江南民众闻风响应，旬日间发展至几万人。十一月初，方腊自称"圣公"，立年号永乐，建置将帅，建立政权，迅速攻占了青溪。此后起义军攻城掠地，连克睦州（今浙江建德东）、歙州（今安徽歙县）、杭州（今属浙江）等数十个郡县，随后兵分两路，一自杭州北攻秀州（今浙江嘉兴），一自歙州北取江宁府（今江苏南京）。四方民众纷纷响应，参加起义者竟达百万之众，一时江南诸州大多处于起义军的威胁之下，宋廷"大震"。

1121年（宣和三年）正月，宋徽宗命童贯为江浙、淮南等路安抚使，急调陕西、河东（今山西）精兵15万南下，并撤换没有作战经验的将校。童贯为防止起义军占据长江天险，急派军队驻守江宁和镇江要地，同时又让部属起草废罢花石纲的文告，称天子"御笔"，而宋徽宗也随之罢免朱勔官职，以收抚人心。方腊未料想宋军来得如此之快，故没有听从部属建议，抢先占领江宁一带，阻击宋军渡江南下，使宋军得以乘虚渡江，起义军由此陷于被动挨打的局面：正月底，宋将王禀（？—1126）率军来到秀州，围攻城池的起义军遭到内外夹击，战死9000人，退还杭州。二月初，起义军与宋军在城北大战6天，2万将士被杀，杭州失守；此时，进攻江宁的起义军也被击败。面对强敌，方腊并未调整部署，而依然各部分散攻击浙东、浙南州县，但在宋军的进逼下，纷纷失败，歙州、睦州失守。四月十九日，方腊放弃青溪，退守帮源洞，宋军追随而至。帮源洞地形复杂，易守难攻。四月底，小校韩世忠（1089—1151）率一支部队从小路直扑洞内，方腊等30余人被捕，7万余起义将士战死。方腊随即被解往开封，于八月被杀。

方腊被杀后，其余部转移至浙东，直至次年三月才最后失败。

在东南方腊起义之前，被称为"河北剧贼"的宋江义军，也出没于山东、河北一带，引起宋廷的注意。在方腊起义之时，宋廷忙于江南镇压，而宋江乘机大肆活动于京东地区（今山东），"官军数万，无敢抗者"。此后义军南下于淮南地区。1121年（宣和三年）二月，宋江转战至海州（今江苏连云港市西南海州区），获得巨舟十余艘，当其离舟登岸作战时，船只被知海州张叔夜（1065—1127）所遣伏兵烧毁，义军于是皆无斗志，官军乘胜邀击，宋江在张叔夜的招抚下出降。宋江投降后，曾参与讨伐方腊的战斗。宋江义军虽然规模不大，但战斗力较强，又活动于离京城开封不远的河北、山东与淮南地区，故影响较大，再经民间传说、戏剧和小说的传播，而使宋江之名不胫而走，妇孺皆知。

方腊、宋江起义虽都归于失败，但由此动摇了北宋王朝的统治基础。

宋金"海上之盟"与燕云交涉

在南面的宋朝陷入党争不断、吏治日益腐败混乱之时，北面的辽朝也国势日衰，走向覆亡。

辽兴宗（1016—1055）虽曾立其弟耶律重元（1021—1063）为皇太弟，然其于1055年（宋至和二年，辽重熙二十四年）死时，继位的却是其子耶律洪基，是为辽道宗（1032—1101）。对此深感不满的重元，于1063年（宋嘉祐八年，辽清宁九年）发动叛乱，即被辽道宗所镇压。平叛有功的耶律乙辛（？—1083）被擢任北院枢密使，晋封魏王，后又加守太师。其独揽朝政，势倾中外，贿赂公行，阿谀者升迁，忠直者贬斥。为耶律乙辛所擢用的宰相张孝杰公然宣称："没有百万两黄金，不算是宰相家。"1075年（宋熙宁八年，辽太康元年），皇太子耶律濬（1058—1077）始预朝政，使耶律乙辛专权受到阻碍。耶律乙辛为废太子，便先诬陷皇后萧观音（1040—1075）与伶官赵惟一（？—1075）私通，促使辽道宗赐死萧皇后。两年后，耶律乙辛与张孝杰等合谋陷害皇太子，诬告一些侍卫军将领阴谋废辽道宗而立皇太子，使耶律濬废为庶人，耶律乙辛随即派人杀死耶律濬，谎报病死，并杀死耶律濬之妻灭口，一大批支持耶律濬的官员也或诛或贬。此后耶律乙辛又想危害皇孙耶律延禧（1075—1128，耶律濬之子），从而引起辽道宗怀疑。1081年（宋元丰四年，辽大康七年）底，张孝杰以贩盐和擅改诏旨罪名被贬黜，数年后病死家乡；耶律乙辛也以对外出卖禁物之罪被免官，囚禁于来州（今辽宁绥中），两年后再以私藏兵甲、图谋叛辽投宋之罪被处死。1101年（宋建中靖国元年，辽寿昌七年），辽道宗死，耶律延禧继位，是为辽天祚帝。

辽朝统治在辽道宗时已日趋衰落，继位的天祚帝更是"拒谏饰非，穷奢极侈"，畋猎酗酒无度，赏罚无章，怠于政事，纲纪废弛，弄得国用不给，上下穷困，人情怨怒，社会动荡，危机四伏。而随着辽政不修，"寇贼充斥"，民众暴动纷繁，四疆各族反辽战争也日增，尤其是鞑靼的反抗，对辽朝统治形成极大的威胁。

辽国西北的鞑靼，在辽道宗时由分散的部落聚合成部落联盟，与辽发生大规模冲突，辽军屡败。后来辽朝屡发大军，全力以赴，于1100年（宋元符三年，辽寿昌六年）擒获鞑靼首领磨古斯（？—1100），俘还辽国处死。鞑靼部落联盟虽然因此溃败，但鞑靼各部落并非"群党归悦"，与辽军时有冲突。而远在辽国东北的女真族，此时势力渐强，成为辽朝日益严重的威胁。

生活在东北黑龙江、松花江一带的女真族，古称"肃慎氏"，早在先秦时代，已与中原王朝有着朝贡联系，但由于各部落间不相统属，互相残杀，各争雄长而势分力弱，发展缓慢。十世纪，辽朝通过多次征战，臣服了这些剽悍善战的女真人：居住在辽东，由辽朝官员直接统治并编入辽户籍的称"熟女真"；生活在松花江以北地区的称"生女真"，虽不属辽廷直接统辖，不编入辽籍，但依然处在辽朝统治之下。辽朝后期，生女真各部落内部融合开始完成，形成一个以完颜部为核心部落的部落联盟。1113年（宋政和三年，辽天庆三年），完颜部的阿骨打（1068—1123）继承先人的基业，成为新的联盟长，称"都勃极烈"。其时辽朝统治黑暗，吏治腐败，封疆内各民族暴乱相继，国力日益衰弱，而喜好畋猎的天祚帝和契丹贵族却常派银牌使者到女真部强索"海东青"。海东青是一种可用于狩猎的大型猛禽，产于女真东面的大海中。这些银牌使者每到一处，除了向女真人勒索财物外，还要女真人献美女伴宿，既不问出嫁与否，也不管门第贵贱，稍不如意，就百般凌辱，称之为"打女真"，因此激起女真人的强烈愤怒。在此之前，完颜阿骨打就乘辽统治衰落，对内团结各部落之人，以增强实力，对外不断侵掠周邻各部落，势力得到迅速壮大，由此引起辽朝的注意。

在阿骨打成为部落长的前一年初春，天祚帝按惯例率领文武百官来到长春州（今吉林白城东）混同江（今松花江）边钓鱼，周围千里之内的各部落酋长按例前来朝见辽帝，女真首领阿骨打也在其列。辽帝钓得头一条鱼后，即要举行酒宴庆贺，带有贺春之意，称作"头鱼宴"。天祚帝在头鱼宴酒酣时，令诸酋长依次起舞取乐，但阿骨打坚决加以拒绝。事后，天祚帝既有憾于阿骨打的倔强，又有惧于阿骨打的气度不凡，且女真势力日增，要北院枢密使萧奉先（？—1122）设法剪除阿骨打，以免后患。但无能而短见的萧奉先却不以为然，认为阿骨打只是一个"不知礼仪的粗人，假如其怀异志，蕞尔小国，亦何能为！"放阿骨打而还，并未采取丝毫防范措施。而阿骨打既知辽朝君臣对自己已有猜忌之心，就先发制人，不断吞并邻近部族，壮大自己力量。辽国负责东北防务的统军萧挞不野（？—1108）多次上奏女真所为志向甚大，"宜先其未发，举兵图之"。然沉溺于游畋、酗酒之中的天祚帝对此不屑一顾，反而授予阿骨打"生女真节度使"的称号，似乎真的认为区区女真人不足为忧。

1114年（宋政和四年，辽天庆四年）九月间，阿骨打利用各部怨恨辽朝残酷统治之机，起精兵2500人反辽，迅速攻占了混同江畔的辽朝要塞宁江州（今吉林松原东南石头城子），随后出敌不意，在出河店（在今黑龙江肇源境内）迎头痛击辽军，大获全胜。阿骨打乘胜遣军攻占了宾州（今吉林农安县东北）、祥州（今吉林农安县东北）、咸州（今辽宁开原东北老城镇）等周围州寨，附近各部落也渐渐归附女真。在辽人中间早就有这样的传言："女真兵满万则不可敌。"至此女真军迅速壮大，恰好达到1万人。这对辽人和女真人的临敌心理产生了重大影响：辽兵自此军心涣散，常是不战自溃，相反女真人则勇气百倍，势不可当。

1115年（宋政和五年，辽天庆五年）正月，阿骨打采纳汉人谋臣杨朴（？—1132）的建议，建国称帝，为自己取汉名曰"旻"（天空之意），是为金太祖，并取金不变不坏之意，称国号曰大金，又据汉法建年号为收国，即收取辽国之意。

金国建立的当月，金太祖即向辽朝北方重镇黄龙府（今吉林农安）进攻，先后于达鲁古城和涞流河击溃辽军，并乘胜于九月攻占了黄龙府。当时契丹贵族日趋腐化，不识战阵，执掌军政的北院枢密使萧奉先甚至不知领兵之事，天祚帝只得起用汉人张琳（？—1122）等为将。但张琳等是庸碌之儒生，只是在民间大肆征兵，与契丹军杂编，分4路出击。结果，这支由不知兵的儒臣统领的杂牌军被女真人一战击溃。辽天祚帝无奈之余，在黄龙府失守后，慌忙下诏亲征，率蕃汉兵10万，号称70万，自长春州分道而进，欲一举消灭女真军。金太祖因辽军兵锋甚锐，便随机应变，深沟高垒与辽军相持。两军尚未交锋，天祚帝因内部叛乱而撤军，金兵相机追击，在护步答冈（今黑龙江五常西）与辽军相遇。辽军人数虽多，却众下离叛，士气低迷，一经激战，即大败溃逃。辽天祚帝一昼夜奔逃500里，退保长春州。辽军精锐、兵甲物资丧失殆尽，战局由此急转直下，女真人掌握了战场上的主动权。

1116年（宋政和六年，辽天庆六年，金收国二年）闰正月，辽朝东京（今辽宁辽阳）裨将渤海族人高永昌（？—1116）据城反辽，自称大渤海皇帝，并求援于金。金太祖乘机遣兵擒杀高永昌，东京所属州县全为金人所有。次年，金兵渡过辽河，并乘辽军不备，攻占了长春州、泰州（今黑龙江哈尔滨西南）、显州（今辽宁北镇）等地，辽东土地尽归女真，辽国覆灭之势已定。

金太祖建国后，适时顺应女真社会发展需要，在中央建立"勃极烈制"，设置勃极烈4人，以其弟吴乞买（1075—1135）为谙版勃极烈，其堂叔撒改（？—1121）任国论忽鲁勃极烈，其族弟辞不失（？—1161）为国论阿买勃极烈，其弟完颜杲（？—1130），（又名斜也）任国论昃勃极烈，后又增阿离合懑（1070—1119），（金太祖之叔）为国论乙室勃极烈，斡鲁（？—1122/1127），（金太祖之堂弟）为迭勃极烈，粘罕（1080—1137），（撒改长子）为移赉勃极烈等，组成皇帝下面的最高权力中枢。女真部落制时代，遇有重大事情，部落长老就环坐于山野，用手指画灰土议事。勃极烈的设置，保留有过去长老议事制的一些痕迹。这一制度在如金初皇位传递等政治活动中曾发挥着重大的作用。

金太祖还根据疆域的扩大、形势的发展，对传统的军事组织猛安、谋克进行改革，命令诸路以300户为1谋克，10谋克为1猛安，如郡县置吏之法，将猛安、谋克改组成一种新的军政合一的地方行政组织，兼负掌管生产、征收租税和率兵征战几种职责；还用猛安谋克制改编收降的熟女真人、渤海人等，在各地设置各级军事机构，任命都统、万户、军帅统领各地猛安、谋克。在金初战争中，猛安谋克军是一支举足轻重的劲旅。

金太祖深知女真国力虽较前大增，但仅凭女真人的力量灭亡辽国，还是相当困难的，故甚为注意孤立、分化辽国统治势力，联络各种反辽力量。出于这样的考虑，金人同意与位于辽朝南境的宋朝结盟以夹攻辽朝。

金太祖建国称帝的消息，当年就传到了宋朝。是年三月，辽光禄卿马植（？—1126）眼见金国国势日强，知辽国必亡，故化名李良嗣南来投宋，另谋前程，并给宋朝带来女真人反辽自立的消息。宋徽宗随即召见李良嗣，李良嗣劝说宋徽宗迅速起兵攻辽。他分析了目下辽政无道、金兵日盛之现状，指出辽国亡在旦夕，如宋朝不马上有所动作，燕京必为女真人所占领，到那时再谈恢复旧疆，必成一句空话。宋徽宗对此甚是入耳，便赐李良嗣国姓"赵"，授官朝请大夫、秘书丞，为秘阁待诏，备皇帝顾问。

宋朝帝王一直没有放弃恢复对燕云地区的统治之企图，而好大喜功、欲借建立不世功勋以留名青史的宋徽宗更是对赵良嗣的图燕之策大感兴趣。但这一联金灭辽计策，遭到知枢密院事邓洵武（1057—1121）的激烈反对。然而，宋徽宗在蔡京的劝荐下，反而任命童贯签书枢密院事，为陕西、河东、河北宣抚使，次年三月又升童贯为权领枢密院事，全权处理联金灭辽之事，将邓洵武排挤出权力决策圈。但由于宋与女真相隔辽远，音信不通，故宋徽宗最初想托高丽代为联络，然而高丽人深知剽悍的女真人极富扩张、掠夺性，不易交往，不敢自惹麻烦，便婉拒宋人。1117年（宋政和七年，辽天庆七年，金天辅元年）七月，宋徽宗得知女真人的最新动态，即于次年四月遣武义大夫马政、精通女真语的呼延庆等人以买马为名使金，从山东渡海北去辽东探听虚实。当年底，马政一行在涞流河畔见到了金太祖君臣。金太祖随即回派使臣入宋，商议结盟夹攻辽国之事宜。此后，宋、金双方使臣频繁往来联络。

金太祖有度量，善谋断，在举兵攻掠辽州县、与宋商议结盟图辽之时，还与辽朝保持使节来往，欲以此来获取仅从战场上无法得到的东西。金太祖称帝不久，曾采纳谋臣杨朴的建议，仿效中原王朝开国皇帝登基称帝之惯例，请求大国封册，以正其名号。正焦头烂额的辽天祚帝得知女真人要求册封议和，不禁喜出望外，立即遣使女真。几经讨价还价，辽廷终于1119年（宋宣和元年，辽天庆九年，金天辅三年）三月遣使封册，备天子衮冕、玉册、金印、车辂、法器等物，册封金太祖为皇帝。在此，辽朝大臣萧奉先玩了一个小花样，以金太祖要求册封的"大圣大明皇帝"之号与辽太祖耶律阿保机的尊号相同为借口，改作"东怀国至圣至明皇帝"。杨朴看后大为不满，向金太祖指出辽朝送来的仪物不全用天子之制度，且册文中用字带有贬义，而"东怀国"乃东面小邦怀其德之义等。金太祖大怒，停止与辽的和谈，进攻辽上京临潢府。

1120年（宋宣和二年，辽天庆十年，金天辅四年）四月，宋朝再遣赵良嗣等使金。五月，已攻下辽上京的金太祖召见赵良嗣，商议夹攻约盟之事，最后约定：金取辽中京大定府，宋取辽燕京析津府，灭辽之后，宋将过去每年给辽的岁币转交给金；并约定今后宋、金都不许与辽约和。由于宋、金交涉往来取道海上，所以后人遂将此次宋、金夹击灭辽之约称为"海上之盟"。但这宋金间的第一份协议，宋朝就确认了贡纳岁币的屈辱条件，且因宋徽宗君臣不明地理，而自困手脚。宋朝联金图辽，原意是想将五代时期被辽侵占的汉地全部收复，但这汉地包括关内与山后两部分，宋人想当然地认为这些地区均属燕京，故只要求金人归还"燕京并所管州城"，而不知就是关内冀东的平（今河北卢龙）、滦（今河北滦县）、营（今河北昌黎）三州，也并不包括在后晋石敬瑭所割给辽朝的燕云十六州内。古代隔绝中原农耕民族与北方游牧民族的天然界限之燕山，共有5座雄关，而平州东面的榆关（即今山海关）是东北进入燕京地区主要通道，而宋朝不能收复平州，就不能控制榆关，也就不能有效地将女真势力阻隔在长城以北，由此为日后金人顺利进入中原留下了便利。

在宋、金外交折冲于樽俎之间时，童贯以陕西驻军实力为宋军之冠，准备将陕西军与河北驻军换防，未雨绸缪，作与金夹攻辽国的准备，不料因江南方腊起义，宋朝急调童贯率领在京诸将及陕西、河东军前往镇压，由此打乱了原定部署。而金人按照既定部署向辽朝展开猛烈进攻。

此时辽廷因损失太重，大肆征括民间马匹、装备、粮食，招募兵士，引起民众的极大骚动，而强征来的军士缺乏战斗力，纷纷逃归，或迎降金人。辽军溃败，国人不附，使辽代统治者内部的倾轧和矛盾更为激烈，在天祚帝东下亲征之时，辽军前锋将、皇族耶律章奴（？—1115）就乘机叛乱，谋废天祚帝，另立魏国王、南京留守耶律淳（1063—1122）为帝。虽然天祚帝很快镇压了耶律章奴的叛乱，但辽朝政治危机由此更趋严重。天祚帝面对即将覆灭的危局，因耶律淳"贤而忠"，甚得人心，便进封其为秦晋国王、都元帅，统率由辽东饥民组成的怨军收复辽东。

不久，天祚帝因金人兵锋不断逼近，从广平淀（今内蒙古西拉木伦河与老哈河汇流处东南）逃到了中京，随即又因听到金兵入新州，南逃至燕京附近的鸳鸯泺（今河北张北西北）。此时，辽的州县被女真所攻下的已过半数，在上京的辽代祖庙、帝陵也均被金人焚毁，但天祚帝依然以四时游畋、酗酒为乐，毫无改弦易辙之意，还恬不知耻地对左右侍从说："若女真必来，吾有日行三百五十里的骏马若干，又与宋朝为兄弟，夏国为舅甥（因为辽代公主嫁给西夏国王之故），皆可以归，亦不失一生富贵！"臣民闻知后议论道："辽今灭亡矣！自古帝王，岂有弃军民而自为身计者乎？"在辽代覆亡前夕，其统治集团内部再次爆发激烈的权力之争，更加快了辽朝灭亡的速度。

辽天祚帝有子6人，其中最有可能继承皇位的是晋王耶律敖鲁斡（1103—1122）和秦王耶律定（1103—？）。秦王得到其母舅知枢密院萧奉先的支持，而晋王因贤明有识，较得人望。晋王之母文妃姐妹3人，其姐嫁贵族耶律挞曷里，其妹嫁行营副都统耶律余睹（？—1132）。于是在朝廷中形成两党，互相攻讦，势如水火。1121年（宋宣和三年，辽保大元年，金天辅五年）初，文妃与耶律余睹、耶律挞曷里和驸马萧昱等谋立晋王，为萧奉先所知，派人向天祚帝告发。天祚帝立即处死耶律挞曷里、萧昱，赐文妃自尽，独晋王因未参与此阴谋，免罪不究。在前线的耶律余睹闻知密谋败露，即率所部千余人投奔金国。天祚帝慌忙派知奚王府事萧遐买、四军太师萧干（？—1123）等将领追赶，萧干等人不满萧奉

171

先的作为，故意放跑了耶律余睹。是年末，金太祖以忽鲁勃极烈完颜杲（？—1130）为帅，以降金的耶律余睹为先锋将，遣大军南下西进，于次年正月一举攻克了辽中京。萧奉先为让秦王顺利继位，便向天祚帝献策道："耶律余睹引金兵前来只是欲立晋王为帝，若陛下为社稷大业计议，宣告晋王罪行而诛之，就可使余睹绝望自回。"极为昏庸的天祚帝便赐晋王及一些拥护晋王的大臣死。由于天祚帝诸子中，晋王最负人望，将士们得知其无罪被杀，无不痛哭流涕，痛恨萧奉先误国，人心益散。而耶律余睹并未如天祚帝、萧奉先所愿，反而引金朝精兵突袭天祚帝在鸳鸯泺的行宫，吓得天祚帝连夜西逃西京大同府，随从者仅其子赵王、梁王、长公主、驸马和卫兵300余骑。此时，天祚帝闻知金追兵将近，而辽将士纷纷降金，吓得连西京城门都不敢进，逃往夹山（今内蒙古萨拉齐西北）。金兵随即占领了西京。传说夹山在沙漠之北，前有60里沼泽地，唯有契丹人能识别进出途径，因而孤军深入又不得其门而入的金军只得撤退，驻屯于西京西北以监视辽帝的行动。

到夹山前，天祚帝方知萧奉先奸佞误国，致使自己狼狈逃窜，国家将覆，怕对萧奉先恨之入骨的三军将士一旦起事诛杀萧奉先，引起混乱而祸及于己，故不要萧奉先再跟从自己。萧奉先哭拜而去，行未数里，左右卫兵就缚执萧奉先父子投降金兵。金兵械送金太祖处，途中被辽兵截回处死。

天祚帝在逃离鸳鸯泺前，留宰相张琳、李处温（？—1122）等，与耶律淳同守燕京。1122年（宋宣和四年，辽保大二年，金天辅六年）三月，李处温因天祚帝逃入夹山，消息不通，便内结都统萧干、林牙耶律大石（1087—1143）等，外借怨军之力，册立耶律淳为帝，号天锡皇帝，降封天祚帝为湘阴王。参与定策之事的臣僚各以功升官，并改怨军为常胜军，由郭药师总管。于是辽朝一分为二：耶律淳控制着燕、云、平诸州和中京路部分地区，史称"北辽"；在夹山的天祚帝所辖范围，仅沙漠以西、西北诸蕃部族而已。

宋徽宗得知金人攻占了辽中京、西京，天祚帝已西逃夹山，耶律淳在燕京维持残局，为避免燕京也被金人占领，从而仓促命令以童贯为帅，蔡京之子蔡攸（1077—1126）为副帅，保静军节度使种师道（1051—1126）为都统制，勒兵15万"巡边"，以期南北夹攻辽国，占领燕京。宋徽宗君臣错误地认为，辽人已成惊弓之鸟，只要宋师一出，惊慌失措的小朝廷就会不战而降，故并未作什么作战准备，且荒唐地命令宋军将士"燕人，吾民也，切不可妄杀一人"。大将种师道、杨可世等请"熟计而后行"，童贯一概不听，反而嘲笑他们为"懦夫"，令种师道总东路兵趋白沟，统制官辛兴宗（？—1131）总西路兵趋范村，对耶律淳施加压力。

五月底，耶律淳遣耶律大石和萧干率军分头抵抗宋军。耶律大石至白沟（今河北新城东北白沟河，系宋、辽界河）向宋军挑战，宋军本无战斗准备，又为"不可妄杀"命令所节制，皆不敢施放箭石，任人杀戮，终于为辽兵所败。而辛兴宗的西路军也在范村被萧干击破。原以为一举可以下燕的童贯被吓得手足无措，慌忙下令退军。辽兵乘机追击，宋师大败，死尸相枕，不可胜计。童贯为推卸责任，将种师道作为替罪羊，将其贬官还家。宋朝的第一次复燕战争就这样荒唐地失败了。

六月二十四日，耶律淳病重而死，遗命遥立天祚帝之子秦王耶律定为帝，其妻萧氏为皇太后，代理国政，并密授李处温为蕃汉马步军都元帅。但此举引起契丹人的极度不满，李处温惧祸，欲降宋朝，事败被杀。

宋廷闻听耶律淳病死，以为有机可乘，议再兴师。八月，宋徽宗以河阳节度使刘延庆（1068—1127）代种师道为都统制，其子刘光世（1089—1142）和同州观察使何灌（1065—1126）为副统制，率诸道兵20万再举。宋军进兵之初颇为顺利，在白沟击败辽牛栏将军的抵抗。九月初，辽知易州（今河北易县）高凤以易州降。辽廷在处死李处温后，深惧汉军士兵响应宋军迎降，密谋诛杀汉军。此时萧干因宋兵压境，辽军接战不利，自燕京来到涿州（今属河北）指挥军事。疑惧不定的常胜军帅涿州留守郭药师以为萧干前来图己，遂率8000精兵、500铁骑并涿州一州四县降宋朝。易州、涿州为燕京之南门，两州降宋，使军情发展一下子对宋军很为有利。十月二十四日晨，宋军偷袭燕京，郭药师统常胜军千人为向导，宋将赵鹤寿、高世宣（？—1122）、杨可世、杨可弼统6000精兵继进，刘延庆自统大军接应。宋军未费太大周折便进入燕京城，但萧太后率众殊死作战，扼守皇宫，密遣使召萧干回军救援，内外合击宋军。激战一昼夜未得寝食的宋兵退守东门，以待援军，而率领后军屯驻城外接应的赵鹤寿因与郭药师有隙，见形势不利，为保全自己，先引兵而退；而主帅刘延庆根本就没再遣其他部队前往应援。最后，郭药师、杨可世、杨可弼等人缒城而出，骁将高世宣、石洵美（？—1122）等十数员将领及数千锐卒死于城内，损失惨重。入夜，留在卢沟桥南大营的刘延庆看到河北火光四起，以为敌兵前来冲击，慌忙烧营而遁，士卒"相蹂践死者百余里"，军器物资丢得满地皆是。辽军乘胜攻占了清城、安次、固安等县（今属河北）。宋朝的第二次复燕战争就如此十分荒唐地再次失败了。

因北伐的军队属于宋朝最精锐的陕西军、河东军，却被垂死的辽兵屡次击败，童贯感到无法向天子交待，只得遣使金营，请求帮助。此时金军虽占领了西京诸州，但人心未服，境内反抗不断，同时在东有燕京之北辽，在西有在夹山的天祚帝，西夏国王乾顺也率兵前来应援辽人，并请天祚帝去西夏避难。金太祖深知事态严重，稍有不慎，全盘皆输，便决定以其弟谙班勃极烈吴乞买（1075—1135）留在上京监国，自己率兵亲征天祚帝。十二月一日，金兵应命南趋燕京，攻占了燕京北门居庸关。萧太后闻听居庸关失守，连夜整点军马，与耶律大石、萧干等出古北口而逃。六日晨，金兵至燕京城下。留守燕京的辽宰相左企弓（1051—1123）、虞仲文（？—1123）等开城门投降，燕京就此落入金人之手。

当初童贯率十数万大军屯边的消息传入金营，金太祖怕宋军径取燕京，遣兵据守关险，而不给金国岁币，遂遣使宋朝。于是宋徽宗派赵良嗣、马扩（？—1152）使金。金太祖为取得宋人好感，主动面许还宋燕云诸州，而要求宋朝将每岁旧给辽代的岁币银绢全部转交金朝。当得知宋将刘延庆大败南逃，金兵已占领了燕京全域之后，金太祖对履行"海上之盟"的态度也发生了很大的变化，对腐朽无能的宋廷日益轻蔑。金太祖曾对宋使马扩说："契丹疆土我已得其九，止燕京数州之地留与汝家，我以大军三面掩之，令汝家俯拾，亦不能取。"并对赵良嗣讥讽道："我闻宋朝大将独仗刘延庆，然彼将十五万众，一旦不战自溃，宋朝何足道！"由此想占住燕京不还，而此时降金的辽大臣恨宋朝联金灭辽，心中有憾，纷纷对金将述说"南人自来畏怯"，左企弓更献诗金太祖道："君王莫听捐燕议，一寸山河一寸金。"金朝将帅也多对金太祖建议毁盟。但金太祖看到辽朝残余力量依然存在，且保持相当实力，并得到西夏的支持，燕云地区民众对金怀有敌意，而金兵的战线过长，使兵力分配捉襟见肘，形势发展对己并不有利，不敢再树强敌，与宋翻脸，便力排众议，决定将燕云归还宋朝，但借口"燕京自我得之，租赋当归我"，要挟宋朝在原来的"岁币"外，再另加"燕京代税钱"100万缗给金，而平、营、滦三州则坚决不同意归回宋朝。同时声言，宋朝如不同意，连燕京也不归还。宋廷不敢抗争，屈辱地接受金提出的条件，于1123年（宋宣和五年，辽保大三年，金天辅七年）与金约盟，其主要内容是：一，金朝将燕京、涿州、易州、檀州（今北京密云）、顺州（今北京顺义）、景州（今河北遵化）、蓟州（今属天津）并属县及所管民户归宋；

二，作为交换，宋朝每年给金朝银20万两、绢30万匹，和燕京代税钱100万贯；三，边界两侧人户不得交相侵盗，亦不得间谍诱扰边民，招降逃人；四，若因故合举兵众，要互相关报；五，沿边官司各守疆界，界内不得遮堵道路，至如将来异域使人往复无禁阻。此外，宋徽宗为能从金人手中要还云州等8州，同意再添20万金帛为犒赏金兵之物。

宋、金双方于四月十四日开始交割燕京。宋徽宗改燕京为燕山府，任命尚书左丞王安中（1076—1134）为靖难军节度使、河北燕山府路宣抚使、判燕山府，以资政殿学士詹度（约1074—？）为燕山府安抚使，马军副都指挥使种师中（1059—1126，种师道弟）充副都总管，随王安中前往雄州（今河北雄县），为接管燕京作准备。四月中旬，童贯差统制官姚平仲（约1099—？）等前去燕京交割地界。此时金朝在很短的时间内占领了原为辽朝统治的广大疆域，急需大批官吏去治理，其主要方法就是设法吸收辽朝旧官吏为新王朝效力。另一方面，金朝又需要大量的劳动力来开发东北女真居住地区。因此金人在撤离燕京时，将旧辽官员、辽皇宫嫔妃及宫女、手艺人、富户、僧尼道士和钱财、仪仗、车马、辎重等席卷掳去辽东。侥幸躲过金兵掳掠的燕京居民，为避战乱，也多逃窜山谷。因此金人虽如期交割燕京及蓟（今天津蓟州区）、景（今河北遵化）、檀（今北京密云）、顺（今北京顺义）4州（易、涿两州已被宋占领），但经金人大肆抢掠破坏，已是残破不堪，城墙堡垒等全部毁平，宋人花费百万金帛所赎还的仅是一座空城而已。

宋朝用巨额钱财赎还的虽是一些残破不堪的空城，但对好大喜功的宋徽宗君臣来说，这可是一件收复前朝失地、完成祖宗夙愿的不世功勋，于是举朝欢贺，主持此事的大臣王黼、童贯、蔡攸等大获封赏。宋徽宗还命王安中作《复燕云碑》，竖立于燕山之上，欲告示后人其丰功伟绩。其实从当时实际情况上看，金朝灭辽，必定会垂涎于宋地的富庶，而对中原进行掠夺性的侵伐，因此宋朝收复燕京后，如能刻意图强，整军练兵，扼守燕山关隘，虽不能说如此就必能阻挡女真势力于塞外，但一定可以有效地阻碍金人铁骑的迅速南下，成为宋朝拱卫北疆的屏障。

宋朝自得燕云天险，凭险据守后，认为疆域之内自此可以无虞战火，共庆升平了。然而由于君昏臣庸，举措无策，造成民间嗟怨，民不聊生，使宋徽宗君臣本欲借收复燕云大申国威、以圆一统梦的"奇策"，变成一项祸国殃民的弊政，直接成为北宋灭亡的导火索。

是年夏天，退出燕京的金太祖病死于途中，其弟吴乞买继位，是为金太宗。躲在夹山的辽天祚帝认为有机可乘，欲出兵收复旧山河。

当初北辽萧太后一行避金兵逃离燕京，至卢龙岭，内部对部队所向意见不一：奚人萧干主张回奚王府故地，耶律大石则主张投奔天祚帝，谁也无法说服对方。于是"辽、奚军列阵相拒而分"，契丹兵随耶律大石挟萧太后西走，归天祚帝，奚、汉、渤海兵从萧干北上。于是辽朝残余力量分裂成互不相应的数支：

萧干在箭筈山自立为大奚国皇帝，设奚、汉、渤海三枢密院，以东、西节度使为二王，分司建官，籍民为军，活动于中京地区。不久，萧干因缺食，南略燕地，攻破景州，又击败常胜军于石门镇，攻陷蓟州，但在峰山被宋常胜军将郭药师击败。萧干率残部北归，其部下耶律阿古哲等因士卒离心，乘机袭杀萧干，将其首级送给宋朝。大奚国就此垮台。

盘踞在燕京东面的平州的辽兴军节度副使张觉（？—1123）降金，金人改平州为南京，以张觉为南京留守。张觉虽表面降金，其实持观望态度。但萧干失败，张觉降金，使金兵能倾全力对付辽天祚帝。

在金兵主力进入燕京时，逃离燕京的耶律大石带着一支约7000人的队伍，并挟持萧太后西入夹山，见天祚帝。天祚帝为安抚人心，仅处死萧太后，贬耶律淳为庶人以泄其愤，而赦免参与拥立耶律淳为帝的官员。此时天祚帝因得到耶律大石所率的数千人马，并有阴山室韦部谟葛失的援军来会，兵势渐壮，便欲乘金太祖病死、金政权有所不稳之机出兵东进，以求反攻复国。但是天祚帝此时所面临的处境极为不利：世代与辽约和的宋朝改与金人结盟，夹击辽国；而与辽为甥舅之国的西夏，因上一年出兵数万援辽，被金兵击溃，损失惨重，故转而对金辽之战持观望态度，后来金人以割让天德军、奉圣州等给西夏为诱，劝降西夏附金，从而使天祚帝的处境更为孤立。由此之故，耶律大石坚决反对天祚帝的冒险举动，劝谏他积蓄力量，等待时机，但不为天祚帝所采纳。耶律大石眼见天祚帝不能担负起恢复大业之重任，且身受天祚帝忌疑，便于次年七月，乘天祚帝出征在外，夜率 200 铁骑，离开大营，向西北而去，自立为王。耶律大石的离去，进一步削弱了天祚帝本就不强的力量。但天祚帝还是于 1124 年（宋宣和六年，辽保大四年，金天会二年）强率诸军自夹山出兵，南下武州（今山西神池），在奄遏下水（今山西大同西北）与金兵发生遭遇战，但辽兵纷纷弃甲溃逃，降金的辽将前后相续。天祚帝不敢再战，朝西逃向河阴（今属山西）。1125 年（宋宣和七年，辽保大五年，金天会三年）

正月，天祚帝越过沙漠西逃，金兵紧追而至。天祚帝徒步逃出，得近侍所乘马匹方逃脱险境，来到党项小斛禄部。小斛禄见天祚帝力量如此单弱，为自身利益计，密遣人至金军告发。天祚帝见事机不妙，冒雪逃走，二月，至应州（今山西怀仁）新城东60里，被金将完颜娄室（1077—1130）所擒获，辽亡。

离辽天祚帝大营北去的耶律大石成为辽朝唯一残存的抗金武装力量了。

耶律大石，字重德，辽太祖耶律阿保机的八世孙，曾中进士，官拜翰林学士，契丹语称翰林为林牙，故人们也称他为大石林牙，或称林牙大石。当时耶律大石经过数昼夜急驰，到达黑水流域，得到马匹、粮草等的补充后，横穿大漠，来到辽朝西北军事重镇、在上京西北3000余里外的可敦城（镇州，今蒙古国鄂尔浑河上游哈达桑东北古回鹘城）。可敦城至上京间，有一个广袤数百里的大沙漠，每当风起，沙漠扬尘，至对面不能分辨颜色，或者平地上顷刻之间堆起数丈高的沙丘，沙漠中绝无水泉，行人如没有准备好充足的水，绝难度过，多至渴死，不明地理的女真兵为此不敢穷追，使耶律大石脱离了险境。可敦城周围地广草茂，牧场里辽廷牧养的有战马数十万匹，和无数头的牛羊，城中还有辽代捍卫边防的驻屯军等，均为耶律大石所得。耶律大石召集镇州所属的七州十八部大会，征得精兵万余，便自立为王，仍依辽制设置北、南面官职，初具国家规模。耶律大石的存在，引起了正倾全力南侵宋朝的金人严重关注和不安，1130年（宋建炎四年，金天会八年）春，金军万余人北征可敦城，耶律大石自知自己的力量一时还无法与正处于上升时期、所向披靡的金朝相抗衡，故明智地选择了向西发展的战略。二月，耶律大石根据契丹传统，以青牛、白马祭祀天地、祖宗，整军西行，经吉尔吉斯斯坦境内，进至叶密立（今新疆额敏县），修城筑池，招抚当地游牧部族，归附者达4万余户，军势日增。因此耶律大石在叶密立城正式称帝，依汉制称天佑皇帝，建年号曰延庆，并依据当地习俗，号称"菊儿汗"（古突厥语"大汗"或"汗中之汗"之意），重建了契丹王朝。后人为有所区别，称之为"西辽"，西方史书中也称作"黑契丹"或"哈喇契丹"。次年，耶律大石率军向中亚地区挺进。1134年，位于阿姆河、锡尔河流域的喀喇汗国阿斯兰汗遣使人上书耶律大石，愿意附属西辽。故耶律大石在汗国都城八剌沙衮（也称巴拉沙衮，在今吉尔吉斯斯坦托克马克城南一带）建都，号称虎思斡鲁朵（契丹语，意为强有力的宫帐），改元康国，在中亚地区建立了西辽统治。

12世纪末，西辽吏治日坏，征敛日重，内乱时起，西辽政权由盛转衰，逐渐走向没落。13世纪初，蒙古族力量迅速壮大，乃蛮部太阳汗之子屈出律（？—1218）因本族被蒙古人消灭，逃亡到西辽避难。1211年秋，屈出律伏兵擒获出外秋猎的西辽皇帝耶律直鲁古（？—1213），篡夺了王位。屈出律篡国后，依然沿袭旧制，号称西辽（黑契丹），但疆域较前大为减小。1218年，势不可挡的蒙古铁骑攻破八剌沙衮城，屈出律被擒杀，诸城寨望风降附，西辽灭亡。但契丹贵族八剌黑哈只不率其部属向西逃亡，定居于起尔漫（也称乞里弯、克儿漫）地区（今伊朗东南部克尔曼地区），建立哈喇契丹王朝（黑契丹国）。1259年，八剌黑之侄忽都马丁向到达附近的蒙古军队表示归顺，被封为起尔漫算端（苏丹）。1305年，元廷命"克儿漫酋沙喝奇汗入朝"。1309年，起尔漫地区归蒙古地方官管辖，"西辽国人在西域者，至是位绝"。

靖康耻

1123 年（宋宣和五年，金天会元年）五月，金兵撤离燕京，遣送辽朝降臣及所掠燕民途经平州东徙辽东，燕民颠沛流离于道路，不胜其苦，便劝张觉叛金降宋，张觉也知金廷不会让他长久盘踞在平州，便向翰林学士李石计议，得到李石赞同，于是张觉杀降金的辽宰相左企弓等数人，与金朝决裂，并派李石去燕京游说宋人，投靠宋朝。十月，宋廷升平州为泰宁军，拜张觉为节度使，并送去泰宁军牌敕书及给张觉的诰命、诏书。十一月，张觉出城迎接宋帝诏书，不料金兵乘虚攻占平州，张觉只得易名赵秀才，藏匿于燕京常胜军中。宋朝的诏书诰命等文书，也悉数落入金人手中。为此，金人不断向宋廷抗议，并移牒宋朝索要张觉。宋廷不堪压力，只得密诏知燕山府王安中缢杀张觉，以水银函其首，并张觉二子一起送与金人。宋徽宗此举招致了辽朝降臣尤其是常胜军将士的极度不满。

常胜军帅郭药师降宋后，宋徽宗给他很高的待遇，拜武泰军节度使，检校少保，河北、燕山府宣抚副使，同知燕山府，后又官升太尉，成为燕山府中执掌军政实权者。常胜军也从原有的数千人急速扩充至 5 万人，成为宋朝守卫燕、蓟地区的主力部队。常胜军将士对宋廷的寡恩薄情非常怨恨，郭药师忿忿然宣称："金人要张觉即与，若来求我药师，亦将与之乎！"王安中无法应付，于是宋徽宗任用蔡靖知燕山府事。但这已无从挽回军心，常胜军自此解体，不愿再为宋朝效命，郭药师后来叛宋降金，也与此大有干系。

七月，宋徽宗因不满童贯百万金帛赎空城，童贯被迫致仕，宦官谭稹接任两河、燕山府宣抚副使。当时山后诸州中的朔（今山西朔州）、应（今山西应县）、蔚（今河北蔚县）、武（今河北宣化）4 州已为宋人所控制，金太宗也命令金军将山后其余州县归还宋朝，但金西路都统完颜宗翰（也名粘罕，1080—1137）拒不奉行，反于 1124 年（宋宣和六年，金天会二年）八月间，率兵攻陷蔚州，并取飞狐（今河北涞源）、灵丘（今属山西）二县，逐去宋应州守臣。宋徽宗为此再次起用童贯领枢密院事，去太原处理山后土地交割事宜。谭稹、童贯在河东仿效燕京常胜军别创一军，招募自辽入宋的朔、武两州及从云、应、蔚等州南来少壮者为军，每月所赐钱粮衣服倍于他军，号义胜军，屯于州县要害处。

宋廷为供给燕京、河东驻军，频频从内地调运粮草，因路途遥远，常常十数石粮食，运到目的地仅剩下一石，既使边军粮饷不充，而内地又因暴征横敛竭力输边，怨声载道，"盗贼"四起。北方金太宗即位后，为稳固其统治，收服民心，平息辽人的反抗，召集逃亡、离散百姓回归故里，恢复被数年战争摧毁的经济生产，采取了一系列的措施，使惨罹兵燹的辽东、辽西、塞外等广阔土地上渐渐现出生机，为即将开始的征宋战争提供了较为充足的物质支援。同时为有效控制燕云农耕地区，金廷及时改变旧制，因俗而治，在燕云地区按原来制度设置州县官进行治理；并仿效辽代南北面官制，设行枢密院于广宁府（今辽宁北镇），后迁入燕京城，燕京一品以下官员皆由枢密院承制授官，成为燕云地区最高的汉官机构。不久，金朝仿唐制建立尚书、中书、门下三省，设置汉官宰相。但最高政治权力依旧集中在女真宗室贵族手中。金军在擒获了辽天祚帝，消除了最后一个后顾之忧后，其主力便开始向南线集结。

1125 年（宋宣和七年，金天会三年）十月，金太宗以宋朝破坏协议，颁布伐宋诏令，金军分东西二路南下，以谙班勃极烈完颜杲（？—1130）兼都元帅，西路以完颜粘罕为左副元帅，完颜希尹（兀室，？—1140）、耶律余睹为监军、都监，东路以完颜宗望（斡离不，金太祖次子，？—1127）为主帅。金人认为宋军唯有陕西军和郭药师的常胜军有些战斗力，故决定东路军自南京平州而进，击破燕京之常胜军，然后南下，径穿河北平原，渡黄河直赴宋都开封；西路军由西京经雁门关入太原，再南下攻占洛阳，以阻止陕西军东出增援开封，并断绝宋徽宗西走入陕西、南逃四川的通路，然后再与东路军合围于开封城下。

十一月下旬，金东路军先后攻陷檀州、蓟州，控制了古北口、松亭关、野狐关等关隘，兵锋直指燕京。十二月初，郭药师率常胜军与金兵大战于白河两岸，不支而溃败。郭药师等随即率常胜军开城门降金，金兵入燕京，燕京所属州县随之都被金人占领。郭药师降金后，斡离不任命他为燕京留守，并以郭药师为向导，避实就虚，袭破信德府（今河北邢台），引金军直至黄河北岸，离宋都开封仅十数日路程。

金西路军于十二月初起兵，因守城的宋义胜军接连叛降，使金兵顺利攻占了朔州、武州、代州（今山西代县）、忻州（今属山西）等地，并占领了作为太原北面屏障的石岭关，兵围河东重城太原府。宋朝处置河北、河东边事的主帅童贯闻知金人南侵，吓得连夜逃往京师。知太原府张孝纯于是一面加强守备，安抚惶惶不安的人心，一面传檄管内诸州救援，坚守不降。完颜粘罕分军一半围住孤城太原，不住猛攻，同时率军前出攻城掠地，欲与东路军会师，但终因河东诸州守军多城守不降，而无法及时赶到开封城下。

金兵全线进攻、燕京等地失陷的消息传到汴京，对此全然无备的宋廷慌作一团。宋徽宗在此生死关头，为收民心，下"罪己诏"，承认自己"任用非人，过听妄议，兴作事端，蠹耗邦财"，废除那些不得人心的劣政弊法：罢废为天子敛财或搜括珍宝玩物的都茶场、应奉司、花石纲、采石所、行幸局、西城所等，减少内宫用度，罢道官及拨赐道观的房钱、田土等，罢去免夫钱等。同时召熙河（今甘肃东南一带）经略使姚古、秦凤（今甘肃天水市、陕西凤县一带）经略使种师中率本路兵入援，会合郑州、洛阳地区宋军，外援河阳（今河南孟州），内卫京师；并要求各地官民起兵"勤王"，抵抗金兵南侵。此时宋徽宗已有逃离京城开封、南下避难的打算，故而任命皇太子赵桓（1100－1156）为开封牧，想让他以"监国"身份替自己抵挡强敌。但给事中、权直学士院吴敏（？－1133）、太常少卿李纲（1083－1140）等人坚持要求宋徽宗传位太子，以便更新政局，组织抵抗。吴敏并指出金东路军已绕过中山府南下，计算其路程，约10天内可到京畿，故吴敏认为当以3天为期，不然就来不及组织军民城守。二十三日，风声更紧，宋徽宗为保证自己能及时脱离险境，只得同意退位内禅。是日晚，宋徽宗假装昏厥得病，苏醒后用左手书写："皇太子某可即皇帝位。"太子推辞一番后继位，是为宋钦宗。

宋钦宗即位后，首先任命吴敏为门下侍郎，以耿南仲（？—1129）签书枢密院事，命致仕宿将种师道、步军都指挥使何灌为河北河东路制置使兼都统制、副都统制，并手诏河北、河东沿边州军严饬守备；命宦官、威武军节度使梁方平（？—1126）率马军7000人守黄河北岸浚州（今河南浚县，宋时黄河流经浚州城南），何灌统步兵2万人守卫州南黄河上的浮桥，以阻止金兵渡过黄河进攻开封；并诏京东、淮西、江浙等地募兵勤王入卫。

1126年（宋靖康元年，金天会四年）正月二日，斡离不之弟兀术（汉名完颜宗弼，？—1148）兵逼浚州。宋军平时缺乏训练，不会骑马，只是用双手紧抓马鞍子不放，遭到路人嘲笑。梁方平到浚州，只知在军营中饮酒作乐，不作御敌准备，听到金人逼近，慌忙单骑逃回南岸，麾下士兵也就一哄而散。防守南岸的宋军一见，赶紧将河上浮桥烧毁，然后望风而遁。金兵控制了黄河北岸后，用仅能找到的十余条小船渡河,整整花了5天时间,骑兵方才渡完,步兵大半还留在北岸,队伍混乱不堪,但河南竟无一名宋兵守御,难怪金人嘲笑道:"南朝可谓无人,若以一二千人守河,我岂得渡哉!"

三日夜,已决定以去亳州(今属安徽)烧香为名东逃避敌的宋徽宗,得知金兵已渡过黄河的消息,即刻率太上皇后及皇子、公主等逃出皇宫,扈从者仅蔡攸和内侍数人。到泗上(今江苏盱眙西北)时,宇文粹中(?—1139)、蔡京、童贯、高俅等人方率领数千御林军赶来。童贯以3000名胜捷军扈从宋徽宗前往扬州,高俅则率禁卫军留在泗上控扼津渡,以防万一。宋徽宗到扬州,怕仍不安全,便将太上皇后留在扬州,自己渡江来到江南的镇江府,随宋徽宗出逃的宗室贵戚大都流落于沿路州县,缺衣少食,十分狼狈。

听到宋徽宗突然弃城南逃,新即位的宋钦宗也想向西南逃到襄阳、邓州一带,以避金人兵锋,但为李纲(1083—1140)所谏止。四日,宋钦宗升任李纲为尚书右丞、东京留守,以总理京师城守之事。但宋钦宗还是想离开京城。五日清晨,李纲上朝,见禁卫军都已披挂持兵,后宫妃嫔正待上车,已是行色匆匆的模样了,便厉声对士兵们说道:"你们愿以死守宗庙?还是愿扈从天子以出巡?"士兵一致高呼:"愿意死守!"李纲即面见宋钦宗说:"六军之父母妻子皆在京城,不乐他去,万一中途散归,何人扈从警卫?且虏骑已逼近,若知陛下车驾出城未远,以快马疾追,如何抵挡?"李纲之话正说中了钦宗心中所担忧者,于是决计留下,任命李纲为亲征行营使,指挥守城事务。李纲即对宰执大臣们宣布:"上意已定,敢有异议者斩!"

李纲任职后,加紧修建完善京城的防御工事,修楼橹,挂毡幕,安炮座,设弩床,而城守中急需的砖石、檑木、火油、火具等也输送到位。李纲还将在京城中的数万名军队重新布防,城墙四面,各配备正规军(禁军)12000人,辅以厢军、保甲民兵;又将马步军4万人分为前、后、中、左、右5军,每军8000人。前、后两军屯驻于水东门外,前军保住通津门外贮存有40万石粮食的延丰仓,后军守住朝阳门外护城河最狭处的樊家岗,补救城防的弱点;其余3军作为机动部队留在城中,策应四方。七日,金兵前锋直抵开封城下,占据西北郊的牟驼岗。当晚,金兵用火船数十只,顺汴河而下,攻打西水门。李纲亲临指挥,募敢死士2000人布列城下,敌船一至,即用长钩子钩牢火船,投大石将船全部砸沉。经一晚战斗,宋军斩金将领十余人、兵士百余人,金人知宋有备,至晨而退。九日晨,斡离不分兵进攻通天、景阳二门，正在内廷议事的李纲闻讯后立即率禁卫军1000名神弩手赶往通天门。此时金兵已渡过护城河，用云梯攻城，形势千钧一发。李纲命射手猛射，使金兵无法靠近城墙，又募敢死士数百人缒城烧毁云梯，打退金兵进攻。金兵又攻陈桥门、卫州门等处，也未能成功，损失数千人。显然，宋廷如能认真抵抗，孤军深入的金兵是无法得手的，但宋廷中除李纲等少数几人外，大都是无能之辈，不思抗敌，一味求和，竟在李纲率宋兵打退敌军进攻后，迫使宋钦宗同意了金朝苛刻的议和条件：输金500万两、银5000万两、牛马万头、表缎百万匹，尊金帝为伯父，归燕、云之人在宋者，割中山（今河北正定）、太原（今山西太原）、河间（今属河北）三镇之地，而以宰相、亲王为质。十四日，宰相张邦昌（1081—1127）陪同康王赵构（宋徽宗第九子，1107—1187）前往金营做人质。

此时各地勤王之师已陆续赶来。二十日，种师道与统制官姚平仲率泾原、秦凤路3000骑兵、1000步兵至京城，并沿途张贴告示说"种少保领陕西兵百万来"，大张旗鼓直逼金营。金人惧，收敛游骑，在牟驼岗上增垒自卫。数日后，熙河经略使姚古、秦凤路经略使种师中及诸州勤王兵折彦质（？—1160）、折可求（1090—1139）、刘光国、杨可胜、范琼（？—1129）、李宝、张俊（1086—1154）等人率军陆续前至京西；在京东，宇文虚中（1079—1146）和李邈（约1061—1129）等也合东南兵士达2万人，屯兵于城东郊汴河南岸。诸道勤王兵号称20万，而金兵仅6万多，李纲看到勤王之师日众，认为"兵家忌分，节制归一，乃能成功"，请求宋钦宗同意将各路勤王之兵归亲征行营统一指挥。但此建议与宋朝家法不符，故宋钦宗任命种师道为同知枢密院事，充京畿、河北、河东宣抚使，以姚平仲为宣抚司都统制，指挥四方勤王之师和行营司在城外的前、后两军，直接向天子负责。种师道年高望重，战每有功，天下人尊称为"老种"，声闻域外，当时金使在朝堂，望见种师道，一反平日傲慢之态，以拜跪礼谒见之。但宋钦宗如此所为，使李纲的行营司所统者仅左、右、中3军而已。此时李纲认为应扼守河津渡口，断绝金兵粮道，以重兵临敌营，坚壁勿战，等到其食尽力疲，然后取回割地纳款的"誓书"，当金兵北归渡黄河之际进行袭击。种师道也多次提出相同的建议。但宋钦宗恨不得即刻就用20余万宋兵一举击溃金兵，于是采用姚平仲的建议，决定于二月一日夜袭金营，活捉斡离不，救回康王。但宋兵劫寨之机密于3天前即已传出，金兵事先做好了准备，结果夜袭的宋军大败，姚平仲弃军而逃。李纲率城中左、右、中3

军出城应援，赶至封丘门外，正好挡住了乘胜进攻开封城的金兵。姚平仲劫寨虽因急于求成、兵机不密等因素而失败，但金兵损失也颇惨重，金兵自南侵以来，所向无敌，经此一战，金人军心有所动摇，撤兵北归之念大起。因此惯于战阵的种师道献策说："劫寨已误，然兵家亦有出其不意者：今晚再遣兵分道进攻，亦一奇策耳。如犹不胜，然后每晚以数千人扰敌，不出十日，贼兵必不支而遁。"但早被金兵怕破了胆的宋钦宗和宰相李邦彦把夜袭金营的责任推给李纲，罢免李纲、种师道的职务，并派使臣和割地使带"国书"和割让三镇的诏书、地图等，至金营谢罪。

宋钦宗、李邦彦的荒谬行为，激起京师军民的愤慨。五日黎明，太学生陈东（1086—1127）率在校学生上百人伏阙上书，指出朝廷大臣中能奋不顾身当天下重任者只有李纲，而李邦彦、张邦昌等人尽是"庸缪不才、忌疾贤能"之辈，强烈要求恢复李纲、种师道职务，并着重指明国家存亡在此一举。京城军民闻风而来，不期而集者竟达十余万人。此时正逢退朝，军民们看到宰相李邦彦出来，群指而大骂，并向他投掷瓦砾，李邦彦抱头鼠窜。开封尹王时雍（？—1127）指责太学生要挟天子，学生们理直气壮地回答："以忠义挟天子，不优于以奸佞胁之吗？"愤怒的军民毁坏了皇宫宣德门外的栏杆，打破了平民可击鼓告御状的登闻鼓，呼声动地，并打死平日为虎作伥的宦官 30 余人。宋钦宗怕激起民变，急命复李纲、种师道原职，让他俩一齐登上宣德楼与百姓见面，群众方四散退去。

李纲复出，即日下令能杀敌者厚赏，士兵莫不踊跃而战，于次日一举击退金兵的进攻。金人顿兵坚城之下，进退失据，要求宋朝更换人质以议和，以便其迅速撤兵北去。形势对宋朝越来越有利，但宋钦宗缺乏战胜金兵的信心，根据金人换人质的要求，以同母弟肃王赵枢（1103—1130）、驸马曹晟（1098—1174）去金营换回康王，张邦昌官职也由少宰（次相）升为太宰（首相）。十日，斡离不因宋朝已经答应割地赔款，而粘罕军未能及时与自己会合，军情已对金军日益不利，故不等宋朝将赔款的金帛全部送来，即匆匆退兵北回。种师道建议乘金兵北渡黄河之际向其猛攻，杀他个片甲无归，但为宋钦宗、李邦彦等人所拒绝；李纲也坚持要求派军十万"护送"，以制止金兵沿途掳掠。宋钦宗怕金兵不遵盟约，去而复来，便任命李纲为知枢密院事，主持军事。粘罕所率的金西路军得知宋朝求和后，留大将完颜银术可（1073—1140）围太原，以待宋朝交割，自己还西京云州。

外患方缓，内争即急。自宋徽宗退位后，宋徽宗和蔡京、童贯等人与新皇帝的矛盾就逐渐表面化了。宋钦宗即位后的第四天，太学生陈东即上书请求诛杀蔡京、童贯、王黼、梁师成、李彦、朱勔等六贼。宋徽宗南逃后，蔡京、童贯等截留东南地区给中央的"递角"（报告）、"纲运"（物资）、勤王之兵，把持极为富庶的东南地区的行政、经济、军事大权，欲在东南地区将宋徽宗重新扶上帝位。深感权位受到威胁的宋钦宗发布诏令，剥夺了宋徽宗、蔡京、童贯集团发号施令的特权，两宫间矛盾陡然激化。1126年（靖康元年）正月四日，宋钦宗贬黜当初曾阴谋帮助郓王赵楷（1101—1130）与自己争夺帝位的王黼，流放永州（今属湖南），宦官李彦赐死，籍没其家财物，将朱勔放归田里。随后宋钦宗又派武士在雍丘（今河南杞县）南的辅固镇将王黼斩首，对外宣言是强盗所杀；并以梁师成"朋附"王黼之罪名赐梁死，对外宣称其自缢而亡。二月十四日，宋钦宗以宰相李邦彦、执政王孝迪、蔡懋（？—1134）奸佞误国而罢免，任命吴敏（？—1133）为宰相。十七日，金兵已渡黄河北归，外患暂息。次日，宋钦宗将蔡京、童贯、蔡攸罢免；不久又以宦官梁方平弃黄河津渡不守之罪，斩其于京城茅座桥。此时宋徽宗也给宋钦宗写密信表白自己留下东南勤王兵不遣仅是为了自卫，止绝东南"纲运"等前往京城是怕被金兵劫走，并保证自己今后"甘心守道，乐处闲寂"，不再"窥伺旧职（重当皇帝）"。三月初，宋钦宗罢张邦昌为中太一宫使，任命徐处仁（1062—1127）为宰相，唐恪（？—1127）为中书侍郎，御史中丞许翰（？—1133）为同知枢密院事。四月三日，在大臣们的多方调护下，宋徽宗回到开封，但宋钦宗听从耿南仲的建议，对宋徽宗百般防备，命令侍从凡得宋徽宗赏赐财物者，一律上缴官府。此后蔡京病死于去贬所的途中，童贯、朱勔及蔡京之子蔡攸、蔡绦（？—1126）等先后被诛死于各自的贬所。赵良嗣也被当作招致金兵入侵的罪魁祸首予以诛戮。"六贼"虽诛，但宋廷并未因此而得清明，其党派之争反而更为险恶。

宋钦宗虽然已割三镇地向金乞和，但三镇军民不肯出迎割地诏书，不从交割，誓死固守。其他沿边诸州也是如此。东路金军主帅斡离不见此，且宋军种师中部已尾随自己渡过黄河北上，不得不放弃占领河北诸州的打算，退回燕京。因此宋廷任命姚古（姚平仲之父）为河东路制置使，种师中为河北路制置副使，出兵河东、河北，以相机解救陷入金兵重围的太原城。

三月底，姚古乘完颜粘罕率金兵主力北归之机，乘虚收复了隆德府、威胜军，并屯驻隆德府，筹集粮饷，修完城池。此时留下围困太原的金兵分散至附近各县就粮牧马，宋廷以为金人即将逃遁，同知枢密院事许翰虽反对向金屈辱求和，但他本是书生，昧于兵机，闻听前线谍报，便信以为真，立即命令屯驻在真定府（今河北石家庄北正定）的种师中率兵从井陉（今属河北）小道越太行山西进，与屯驻隆德府的姚古相为犄角，合击围困太原的金兵。种师中、姚古都是屡立战功的西北名将，主张持重，种师中还请求朝廷要全面筹划此役，不要仓促行事，并准备等到粮饷稍备时再发兵。许翰愤怒地加以拒绝，逼迫种师中立即出兵。种师中只得传令整军西行，并遣使者约姚古和在太原附近的张灏两军共进，会合于太原城下，与金兵决一死战。金人侦知宋军的行动，以一支轻兵据险阻击姚古，使其不能与种师中军会合，另以重兵迎击种师中。五月初，种师中军进抵平定军（今山西阳泉），乘胜占领寿阳（今属山西）、榆次（今属山西）等县。但宋军中乏食已有数日，士兵脸上皆有饥色，战斗力和士气均受到影响。九日，宋军前行至距太原城约20里的石坑，金将娄室（？—1130）率大军突然而至，将宋军冲断数处，头尾不能相应。宋军右军首先溃散，前军亦随之败逃，种师中在混战中被流箭射中而阵亡。金兵击败种师中军后，于十九日回军击溃姚古军。张灏军也退还汾州（今山西汾阳）。

种师中的阵亡，对宋军士气打击极大，河北、河东宣抚使种师道以年老多病、难当重任为由引咎辞职，耿南仲等乘机提出以李纲代替种师道统援兵去解太原之围，而排挤李纲出朝廷。对种师中之死，硬逼其出兵的同知枢密院事许翰（？—1133）难辞其责，此时许翰为了能有人出来收拾败局、减轻身上压力，虽明知耿南仲的险恶用心，但仍竭力劝说李纲接受任命，率军前往。六月三日，任命李纲为河北、河东宣抚使，节制河东诸道军马以解太原之围。

李纲坚守京城，迫使金人退兵，立下大功，但宋钦宗反而对他十分猜忌，怀疑李纲有意鼓动太学生上书请愿以胁持君王。此时李纲面见宋钦宗辞让此新任命，说："臣书生，实不知兵，在围城中不得已为陛下料理兵事。今使为大帅，恐误国事。"但宋钦宗坚持不允。御史中丞陈过庭（1071—1130）、侍御史陈公辅（1077—1142）等台谏官也纷纷上言李纲不可离开朝廷，宋钦宗认为他们是为大臣游说，将其罢免，迫使李纲不得已接受了命令。耿南仲明知李纲不会指挥军队作战却硬是推荐他做大帅，一是为赶他出朝廷，更主要的就是要他失败，然后治他的罪。果然李纲要兵没兵，要钱没钱，但进兵的日期却不准"迁移"：宣抚司有兵额2万人，但实际仅2000人；请国库拨银、绢、钱各100万，但实际所得仅20万；宣抚司缺少战马与运输东西的驮马。李纲征得宋钦宗同意后，于都城括民间马匹收买，但开封府却奏告天子说"宣抚司括马，事属骚扰，可更不施行"，即得宋钦宗的同意。虽然诸事未备，但宋钦宗却在李纲请求推迟行期的报告上批道："迁延不行，岂非拒命？"迫使李纲只得仓促启程，不敢再待在京城内作出兵前的准备。

七月初，李纲进抵怀州，训练士兵，整顿军纪，修缮兵器等，等候所募集的各地防秋士兵（即防御金兵秋季进攻的宋军）到来后，再大举北进。但宋钦宗在耿南仲等的建议下，将所征集调发的防秋兵罢去大半，李纲连忙上奏谏争，宋钦宗不予理会，反而连下诏令命李纲限日赶到太原解围。李纲无奈，只得于二十七日下令诸路进兵。但诸路主将都直接受命于朝廷，李纲的指挥权只是一个空名，及期而来会者仅自威胜军北上的制置副使解潜一军，其余诸军"皆逗留不进"。解潜在南北关与金兵接战，激战4天，杀伤相当。八月三日，粘罕增兵进攻南关，宋军遂大败，死者相枕，不复成军。金兵击败解潜军，调头进攻自河北真定府路西进的刘韐（1067—1127）军，刘韐大惊，留下裨将张俊、苗傅（？—1129）守信德府，自己连夜逃还京师。七日，驻屯汾州的张灏军也被金军击败。至此，宋朝解救太原之围的军事行动宣告彻底失败。

八月中，李纲被免职召还京师，九月初出知扬州，还未到任，即以"专主战议，丧师费财"的罪名流放建昌军（今江西南城）。主抗的大臣许翰等也纷纷被赶出朝廷，朝政由以耿南仲为首的主和派所把持。

金朝既已击溃救援太原的宋军，便全力攻城，完颜粘罕也来到城下指挥。太原保卫战极为惨烈，城中军民在太原府都总管王禀（？—1126）指挥下，随机应变，迎击金兵进攻：金兵架炮30座，发射巨石，摧毁城上防御设备，王禀在城上架设木栅和盛有糠皮的布袋，掩护防御设备；金兵用木料填没护城河，王禀设法发火烧掉；金兵架设攻城的鹅车、云梯，也被宋军破掉。金兵用尽一切攻城之法，但太原城守依旧。至此太原被围达250多天，城中粮尽，以皮甲、弓弦、树皮、野草等充饥。九月初，城内百姓死亡者十有八九，士兵因饥饿乏力，无力作战，但依然拒绝金兵劝降。九月三日，金兵攻破太原，王禀率领身边还能作战的士兵进行巷战，身中十数枪，缒城投汾河而死。

太原一战，对宋、金双方都意义重大。金朝第一次进攻开封，就因太原坚守不下，使其东、西两路军队会师于宋都的计划落空。至此金人攻占了太原，扫除了西路军长驱南下的最后一个障碍。宋朝也因大举增援太原连吃败仗，损失了大量有生力量，使宋朝面对金兵的再次南侵，再也无力组织起有效地抗击。

此时，金东路军斡离不也南下进攻河北重镇真定府。真定宋军，因先前被刘韐带去增援太原，实力遭到很大的削弱。十月五日，真定府在坚守了40天之久后，被金兵攻占。兵马都钤辖刘翊（？—126）率兵巷战，突围失败，不愿落入敌手，自缢而死。

金军攻占太原、真定府后，完颜粘罕、斡离不来到平定军，商议决定东、西两军再次分道南侵，合围于宋京开封，认为先攻取开封，然后河东、河北诸州可"不取而自下"。金人已定下攻取东京之计，而宋廷还在幻想通过割地屈己求和，可以避免金兵的再次南侵。

此前，宋朝派往金朝议和的使臣王云（？—1126）回来说，金人愿意用三镇租税代替交割三镇，但宋廷意见不一，议论不定。此时，宋钦宗同意以三镇租税代替割地，但该时金军已占领了太原、真定府，兵锋直指黄河北岸，对此已不感兴趣。宋钦宗赶紧派康王赵构和王云为割地请和使，北上乞和。

太原失守后，宋廷为防金兵乘势深入，在北京大名府、

203

西京河南府、南京应天府和邓州正式设立四都总管府，分总四道兵马，以拱卫京城；又命折彦质（？—1160）为河东宣抚副使，李回为大河守御使，以备金西路军；任命范讷为河北宣抚使，以备金东路军；同时起用种师道以同知枢密院事为河北巡边使，随即又命为河东宣抚使，代替李纲之职。时种师道重病在身，扶病前往河阳府巡察。种师道深知太原、真定相继失守后，金兵一定会大举南侵，便檄召南道都总管和隶属西道的陕西制置使立即率领勤王兵前来保卫开封，并鉴于两河重镇已失，精锐之师多已溃散，士气低落，民心动荡，京城已难以坚守，故请天子"驾幸长安以避敌锋"。宋钦宗认为种师道是年老胆怯，大惊小怪，就将他召回。此时，南道总管张叔夜（1065—1127）、陕西制置使钱盖（1058—1130）应命各统勤王兵前来，而宰相唐恪、耿南仲却害怕聚兵京城会激怒金人，便悉数遣回。种师道扶病回到京师，已病重不能行动，不久去世。南宋学者朱熹认为，种师道是当时元帅，甚至是宰相的唯一合适人选，因此种师道之死，使宋朝抗金形势更为严峻。

金兵为迷惑宋廷，一面答应讲和，不断派出使者到开封与宋廷讨价还价，一面照样攻城略地，长驱直入。十月，金西路军连破汾州、泽州（今山西晋城）、潞州（今山西长治），下太行山，占怀州（今河南沁阳），来到黄河北岸。金东路军也自真定府南下，兵锋再指黄河渡口。此时宋廷还在为是否割让三镇争论不休，以唐恪、耿南仲为首者坚决主张割让三镇以求和，范宗尹（1101—1137）和奉使山西而回的李若水（1093—1127）甚至伏地痛哭流涕，请割三镇"以纾国祸"。但金西路兵已于十一月中旬强渡黄河，宋朝12万守河兵闻风溃逃，西京洛阳失守，永安军（今河南巩义市南）、郑州不战而降。金兵分兵扼守潼关，阻击来自陕西的宋朝增援开封的援军，主力东进汴京。此时金东路军也自大名府附近李固镇渡过黄河，向开封挺进。金军既渡黄河，便提高议和条件，要求宋朝割让整个两河之地，与宋以黄河为界。宋钦宗不敢反对，立即表示同意，并命执政大臣耿南仲、聂昌（1078—1126）为两河割地使。宋廷的割地举动，遭到了两河军民的坚决反对。闰十一月中旬，聂昌和金使到达河东绛州（今山西新绛），绛人听说要割地，坚壁而拒，并将聂昌杀死。耿南仲与金使王讷来到卫州（今河南卫辉），卫州百姓要杀金使，金使连夜逃走，耿南仲也逃到相州（今河南安阳），不敢再说割地之事，谎称奉皇帝圣旨，尽起河北诸州兵马入卫京师，这才免与聂昌同样的下场。

宋廷不断派出的求和使者，并没能使金兵进军开封的步伐有所减缓。十一月底，金东路军到达开封城下，扎营于刘家寺；闰十一月初，完颜粘罕率西路军亦至开封，下寨于青城。金东、西两路军约十余万人如期会师，完成了对开封的合围。此时开封宋军虽还有 7 万守兵，但因事先毫无战守准备，且各地勤王之师都被遣回，形势危殆。而京城内奸人又常以捉金人奸细为名鼓动市民作乱，肆意杀人，一片混乱。此时开封军民对主和的宰相唐恪非常愤恨，迫使宋钦宗只得将他免职以平民愤，而任命主战的何栗（1088—1127）为宰相，孙傅（1078—1128）知枢密院事，曹辅（1069—1127）为签书枢密院事。但何栗等人皆为书生，不谙韬略，反而听信龙卫军拱圣副都头郭京的胡诌，组织了一支"能掷豆为兵，且能隐形，可以破敌，生擒敌酋"的神兵。金东、西两路军会师后，便对开封发起了十分凌厉的攻势，四面围攻，每日箭石如雨，杀声震天，交战双方都伤亡惨重。二十五日，大雪纷飞，北风凛冽，金人乘寒急攻，宰执何栗、孙傅眼见形势危急，急命神兵出战破敌。可神兵刚出城门，就被金兵杀得大败，郭京见势不妙，急忙率残兵南遁，后在襄阳府被宋军所擒杀。金兵乘势登上城墙，宋都汴京陷落。

金兵攻破开封，本欲纵火屠城，宋宰相何栗集合都城百姓欲与金兵巷战，百姓响应者如云，往来不绝。金人因此不敢下城墙，一面在城墙上修筑工事，以防宋人反击，一面不断派使者来，"以割地、贡金帛、议和为说"，形成金兵占据城墙和城门，与居住在城内的宋人对峙的局面。次日，宋钦宗遣宰相何㮚、其弟济王赵栩（1106—？）去金营请金人议和条件。完颜粘罕对何㮚许诺道："自古有南即有北，不可无也，今之所期在割地而已。"并要宋徽宗前往"面约和议"。何㮚唯唯听命，宋钦宗决定自己去金营。三十日，宋钦宗率宰执大臣数人亲至青城金完颜粘罕军营，但完颜粘罕未见宋朝君臣，只是逼迫钦宗一行留宿于青城斋宫。十二月一日，金人闭口不提原来的"所期在割地"的承诺，却向宋钦宗索取降表。宋钦宗无奈，命大臣书写降表。二日晨，完颜粘罕、斡离不在军营中举行仪式，宣读宋帝降表："背恩致讨，远烦汗马之劳；请命哀求，敢废牵羊之礼（古代皇帝投降时所行之礼）。……所望惠顾大圣肇造之恩，庶以保全弊宋不绝之绪，虽死犹幸，受赐亦多。"金人再次进攻开封，原打算逼迫宋朝尽快割让两河三镇地区，没想到就此攻下宋都开封，因此也未想好如何处置赵宋王室，以及如何统治黄河以南地区。此时粘罕迫使宋钦宗递上降表，只是想将其降为附庸，作为其统治黄河以南地区的代理人。故粘罕待宋钦宗递上降表后，即放他回开封城中，命他"遣使晓谕四方"。金兵送宋钦宗回开封城内，并派萧庆随之入城，住宿于城内尚书省，检视所有仓库财物，宋廷大小政事，必须关报萧庆同意后才能执行。

宋钦宗君臣幻想金人欲望得到满足后会自行撤退，便决心屈服，唯金人之命是从，收缴民间各类武器，以防止百姓反抗，将京城健马 7000 匹全部送往金营，派出割地使 20 多人前往两河地区，并召在外的康王还京。金人又向宋廷索要犒军费金 100 万锭、银 2000 万锭、绢帛 1000 万匹。因金人所要的数字实在过大，虽然宋廷百般搜括，除绢帛外，金银搜括所得仅为十分之一。1127 年（宋靖康二年，金天会五年）正月十日，完颜粘罕、斡离不再次促令宋钦宗到金营去，并加扣留，宣称要等所索求的金银数额交足方放回。于是宋廷更是拼命搜括，但金人依然不满足，杀死根括官梅执礼（1079－1127）等 4 人，余官各鞭背 50 下。民不聊生的开封百姓不堪勒索和杀戮，纷纷打造军器，准备武装反抗，宋廷大为惊恐，严加禁止，并将会集部分百姓以揭露金兵洗劫京城的阴谋和罪行的李宝等 17 人斩首示众。

此时金军看到宋朝皇帝虽已降，但宋疆百姓人心不附，感到危机四伏，故而不敢在中原地区久待。金廷原打算废掉宋钦宗，另立赵氏中人为其统治中原的代理人，此时金人看到宋廷虽腐败无能，但在中原统治长达100多年的宋朝，依旧是中原民望所系，而担心金兵一旦离开开封，汉民几乎肯定会拥护赵氏与金相抗，遗留下无穷后患，故决心废黜赵氏，用武力另立他姓为中原之主，作为金人的傀儡，以断绝汉民拥立赵氏之望，使自己得以全力经营两河等地，然后再"徐图混一"之计。二月六日，金太宗下诏废黜宋钦宗与宋徽宗为庶人，宣告北宋王朝的覆灭。

十三日，宋翰林学士承旨吴开、翰林学士莫俦（1089—1164）带来金帅限日推立张邦昌（1081—1127）为帝的命令。百官迫于金兵淫威，被迫在推戴状署名。唐恪在署名后，羞愧难当，于数日后饮毒药而死，一部分不愿表态者如司门员外郎胡寅（1098—1156）、太常寺主簿张浚（1097—1164）、开封士曹赵鼎（1085—1147）等跑到太学去避难。御史中丞秦桧（1090—1155）率全台御史上书金帅反对立异姓，金人大怒，将秦桧执去金营。此举成为秦桧日后自金归南宋后擅权弄奸、排斥异己的金字招牌。三月七日，在金人武力劫持下，宋朝降臣张邦昌被立为帝，国号大楚，作为金朝的附庸。

三月二十七日，已把东京开封洗劫一空的金军依旧兵分东、西两路开始向北撤军，至四月一日全军而退。金兵北撤，带走了其掠夺来的大量钱财、宝物、图籍以及工匠倡优之类各色有技艺的人，张邦昌为此特意招募溃兵 2 万余人专门负责搬运。宋徽宗、宋钦宗和后妃、赵氏宗室 3000 余人以及不愿拥立异姓的大臣何栗、孙傅、张叔夜、陈过庭、秦桧等人被金人押送北去燕京。张叔夜于途中绝食而亡，何栗、孙傅至燕京后不久也抑郁而死。中国古代礼制，天子除亲征、狩猎等原因外，轻易不能离开京师他出。故南宋史官把宋徽宗父子被掳北去称作"北狩"，聊以遮羞。

是年九月，金人怕已在应天府（今河南商丘）称帝的宋高宗发兵夺回宋徽宗父子，失去与宋朝讨价还价的筹码，便迫令宋徽宗一行北去中京。次年，又将宋徽宗、宋钦宗等人迁涉到上京。金太宗在金太祖庙行献俘之礼后，封宋徽宗为昏德公、宋钦宗为重昏侯。1130 年（宋建炎四年，金天会八年）八月，宋徽宗一行又被远迁到荒凉偏僻的边陲小镇五国城（今黑龙江依兰）。1135 年（宋绍兴五年，金天会十三年）四月二十一日，宋徽宗病死，享年 54 岁。宋徽宗遗命归葬于中原，但未得金朝的同意，只得作罢。1161 年（宋绍兴三十一年，金正隆六年），宋钦宗在五国城郁郁而亡，始终未能回到中原。

对于宋钦宗成为亡国之君，历史上不断有人为其抱不平，如《宋史·钦宗本纪赞》说宋钦宗"在东宫，不见失德。及其践阼，声技音乐一无所好。……享国日浅，而受祸至深"。虽然北宋亡国之祸根确实种下于宋徽宗时期，但柔懦无能、无有主见的宋钦宗自即位后，其所处理的军政大事，其所选拔进退之大臣，可说是无一得当，由此丧失了一切可能避免亡国的机会，反而加速了北宋灭亡之进程。

大 事 记

960 年　宋太祖建隆元年　辽穆宗应历十年

正月，宋太祖赵匡胤发动陈桥兵变，登上帝位，建立宋朝。

五月至十一月，宋朝平定潞州李筠、扬州李重进叛乱。

961 年　宋建隆二年　辽应历十一年

七月，宋太祖"杯酒释兵权"，收宿将兵权。

963 年　宋乾德元年　辽应历十三年

二月至三月，宋平定荆南、湖南。

965 年　宋乾德三年　辽应历十五年

正月，后蜀孟昶降宋，蜀地平定。

969 年　宋开宝二年　辽景宗保宁元年

二月，辽穆宗被庖人所杀，辽景宗即位。

971 年　宋开宝四年　辽保宁三年

二月，宋俘南汉主刘鋹，广南平。

973 年　宋开宝六年　辽保宁五年

九月，宋赵光义封晋王，位居宰相之上。

975 年　宋开宝八年　辽保宁七年

十一月，宋平南唐，俘李煜。

976 年　宋太宗太平兴国元年　辽保宁八年

十月，宋太祖猝死，宋太宗赵光义即位。

978 年　宋太平兴国三年　辽保宁十年

四月，陈洪进献漳、泉二州于宋。

五月，钱俶献两浙十四州于宋。

979 年　宋太平兴国四年　辽乾亨元年

四月，宋灭北汉。

七月，宋军与辽军激战于高梁河，宋军大败。

982 年　宋太平兴国七年　辽乾亨四年

三月至五月，宋太宗弟赵廷美、宰相卢多逊责贬，廷美房州安置，卢多逊流崖州。

九月，辽景宗死，辽圣宗继位，母承天后萧氏专权，大臣韩德让和耶律斜轸辅政。

986 年　宋雍熙三年　辽圣宗统和四年

正月至七月，宋军三路北攻辽，为辽军击败，宋勇将杨业死。

二月，党项李继迁叛宋附辽，辽封为定难军节度使。

990 年　宋淳化元年　辽统和八年

十二月，辽封李继迁为夏国王。

997 年　宋至道三年　辽统和十五年

三月，宋太宗死，宋真宗即位，吕端独相。

宋授李继迁定难军节度使，管辖银、夏等 5 州。

1002 年　宋真宗咸平五年　辽统和二十年

三月，党项李继迁攻陷宋灵州，以为西平府。

1004 年　宋景德元年　辽统和二十二年

正月，西夏李继迁因箭伤死于灵州，其子李德明继立。

闰九月，辽圣宗、承天太后率军侵宋。

十二月，宋与辽订立"澶渊之盟"。

1006 年　宋景德三年　辽统和二十四年

宋封李德明为定难军节度使、西平王。

1008 年　宋大中祥符元年　辽统和二十六年

十月，宋真宗东封泰山。

1009 年　宋大中祥符二年　辽统和二十七年

辽承天太后死，辽圣宗亲政。

1010 年　宋大中祥符三年　辽统和二十八年

八月，辽圣宗亲征高丽，次年正月攻入高丽都城开京，焚掠而还。

1022 年　宋乾兴元年　辽太平二年

二月，宋真宗病死，宋仁宗即位，刘太后垂帘听政。

1029 年　宋仁宗天圣七年　辽太平九年

八月，辽东京将领大延琳反辽，寻被辽镇压。

1031 年　宋天圣九年　辽兴宗景福元年

六月，辽圣宗死，其子辽兴宗即位，其母摄国政。

西夏李德明死，其子元昊继位。

1033 年　宋明道二年　辽重熙二年

三月，宋刘太后死，宋仁宗亲政。

1038 年　宋宝元元年　辽重熙七年

十月，元昊正式建国称帝，国号大夏。

1042 年　宋庆历二年　辽重熙十一年

三月，辽要求宋归还后周世宗攻占的瓦桥关十县地。

闰九月，宋、辽议定宋此后年增给辽岁币银绢 10 万两匹。

1043 年　宋庆历三年　辽重熙十二年

七月，范仲淹改任参知政事，上《十事疏》，推行"庆历新政"。

1044 年　宋庆历四年　辽重熙十三年。

四月，辽兴宗亲征西夏，败绩。

十二月，宋册封元昊为夏国主，"岁赐"西夏绢 13 万匹、银 5 万两、茶 2 万斤等。

1045 年　宋庆历五年　辽重熙十四年

正月，宰相杜衍、参知政事范仲淹、枢密副使富弼，新政失败。

1048 年　宋庆历八年　辽重熙十七年

西夏元昊因内乱被杀，其子谅祚继位。

1055 年　宋至和二年　辽道宗清宁元年

辽兴宗死，其子辽道宗继位。

1059 年　宋嘉祐四年　辽清宁五年

春，宋王安石上《上仁宗皇帝言事书》(也称《万言书》)，提出其改革主张。

1063 年　宋嘉祐八年　辽清宁九年

三月，宋仁宗病死，宋英宗继位，曹太后权同处理朝政。

七月，辽皇太弟耶律重元发动叛乱，寻失败。

1065 年　宋英宗治平二年　辽咸雍元年

四月，宋英宗诏令朝臣议论崇奉濮王赵允让之礼，是为"濮议"。

1067 年　宋治平四年　辽咸雍三年

正月，宋英宗病死，其子宋神宗继位。

1069 年　宋神宗熙宁二年　辽咸雍五年

二月，宋王安石任参知政事，开始变法。

1070 年　宋熙宁三年　辽咸雍六年

十二月，宋王安石拜相。

1072 年　宋熙宁五年　辽咸雍八年

十月，宋置熙河路，以王韶为经略安抚使。

1074 年　宋熙宁七年　辽咸雍十年

四月，宋王安石第一次罢相，以观文殿大学士出知江宁府。

1075 年　宋熙宁八年　辽大康元年

七月，宋、辽重定疆界，以黄嵬山为界，宋割去河东地东西 700 里地给辽。

九月，交趾进攻宋广西路，攻占廉州、钦州和邕州等地。

1076 年　宋熙宁九年　辽大康二年

十月，王安石第二次罢相，出判江宁府。

年底，宋军进入交趾境内，交趾王奉表乞降。

1077 年　宋熙宁十年　辽大康三年

辽皇太子耶律濬遭人诬陷，废为庶人，寻被杀。

1081 年　宋元丰四年　辽大康七年

三月，西夏惠宗李秉常被梁太后囚禁。

八月，宋军五路攻西夏，兵败于西夏灵州城下。

1082 年　宋元丰五年　辽大康八年

九月，宋军兵败永乐城，损失惨重。

1083 年　宋元丰六年　辽大康九年

辽耶律乙辛以私藏兵甲、图谋叛辽投宋之罪被处死。

1085 年　宋元丰八年　辽大安元年

三月，宋神宗病死，宋哲宗继位，高太皇太后垂帘听政，废除熙、丰新法，史称"元祐更化"。

五月，宋司马光为门下侍郎。次年初拜宰相。

1086 年　宋哲宗元祐元年　辽大安二年

九月，宋司马光病死。

1087 年　宋元祐二年　辽大安三年

八月，程颐免去崇政殿说书，出朝闲居。

1089 年　宋元祐四年　辽大安五年

蔡确因《车盖亭》诗案被贬谪新州。

西夏归宋永乐城所俘吏士，宋归西夏米脂等 4 寨。

1093 年　宋元祐八年　辽大安九年

九月，高太后病死，宋哲宗亲政。

1094 年　宋绍圣元年　辽大安十年

四月，章惇拜宰相，推行"绍述"政治。

1096 年　宋绍圣三年　辽寿昌二年

九月，孟皇后被废为庶人，出居瑶华宫。

1097 年　宋绍圣四年　辽寿昌三年

宋构筑平夏城，采取"浅攻扰耕"战略，对西夏形成步步
进逼之态势。

1099年　宋元符二年　辽寿昌五年

正月，西夏梁太后死，据说为辽使臣所毒杀，西夏崇宗
亲政。

1100年　宋元符三年　辽寿昌六年

正月，宋哲宗死，宋徽宗即位，向太后垂帘听政。

十月，韩忠彦拜左宰相，曾布拜右宰相，引用元祐党人，
采取折中调和新旧两党之政策。

辽擒杀鞑靼首领磨古斯。

1101年　宋徽宗建中靖国元年　辽天祚帝乾统元年

正月，向太后病死，宋徽宗亲政。宋徽宗再行绍述政治。

辽道宗死，其孙天祚帝继位。

1102年　宋崇宁元年　辽乾统二年

七月，蔡京拜相。

九月，宋蔡京立"元祐党人碑"于端礼门，已死者削官，
生者贬窜。

1104年　宋崇宁三年　辽乾统四年

合元祐、元符党人为一籍，共309人，刻石朝堂。

1113年　宋政和三年　辽天庆三年

完颜阿骨打成为女真部落联盟长，称"都勃极烈"。

1114年 宋政和四年 辽天庆四年

九月，完颜阿骨打起兵反辽，攻占辽宁江州。

1115年 宋政和五年 辽天庆五年 金太祖收国元年

正月，完颜阿骨打建国称帝，是为金太祖。

三月，辽光禄卿马植化名李良嗣投宋，劝宋联金攻辽，夺取燕京。

九月，金兵攻占辽黄龙府。辽天祚帝率军亲征，于护步答冈被金军击败。

1116年 宋政和六年 辽天庆六年 金收国二年

闰正月，辽东京裨将高永昌据城反辽，自称大渤海皇帝，并求援于金。金兵擒杀高永昌。

1118年 宋重和元年 辽天庆八年 金天辅二年

四月，宋遣武义大夫马政等人以买马为名使金，商议结盟夹攻辽国之事宜。

1119年 宋宣和元年 辽天庆九年 金天辅三年

宋、西夏战于统万城，宋将刘法战死。宋军大破西夏军，悉占横山之地。

1120年 宋宣和二年 辽天庆十年 金天辅四年

四月，宋遣赵良嗣等使金，订立"海上之盟"。

五月，金攻下辽上京临潢府。

十月，宋浙江方腊起义。宋遣童贯率大军镇压。

1121年　宋宣和三年　辽保大元年　金天辅五年

正月，辽文妃与耶律余睹等谋立晋王为帝，为萧奉先所告发。天祚帝赐死文妃等，耶律余睹率部降金。

四月底，方腊等被宋军擒获，八月被杀于开封，起义失败。

1122年　宋宣和四年　辽保大二年　金天辅六年

正月，金攻克辽中京。

辽天祚帝逃往夹山。

三月，耶律淳于燕京自立为帝，史称"北辽"。

五月底，宋军第一次进攻燕京，为辽击败。八月，宋军第二次进攻燕京，辽常胜军降宋。十月，宋军再次为辽击败。

十二月，金占领燕京。

1123年　宋宣和五年　辽保大三年　金太宗天会元年

四月，宋以燕京代税钱100万贯为代价向金人赎还燕京及所属州县。

夏，金太祖病死，其弟金太宗继位。

五月，平州张觉叛金降宋，十月，宋拜张觉为节度使，十一月，金攻占平州，张觉逃亡燕京。宋迫于压力，杀张觉，函其首送与金人。

1124 年　宋宣和六年　辽保大四年　金天会二年

正月，西夏向金称臣。

七月，辽耶律大石离天祚帝北去可敦城，自立为王。

1125 年　宋宣和七年　辽保大五年　金天会三年

二月，辽天祚帝被金人所擒，辽亡。

十月，金军分东西二路南下伐宋。

十二月，宋常胜军降金，金东路军占领燕京。金西路军围攻宋太原城。

是月二十三日，宋徽宗内禅，其子宋钦宗继位。

1126 年　宋钦宗靖康元年　金天会四年

正月二日，金东路军突破宋黄河防线。

四日，宋钦宗任李纲为尚书右丞、东京留守，以主京师城守之事。

二月一日，宋军夜袭金营，遇伏败归。

十日，金军北撤。

二月十八日，宋钦宗罢免蔡京、童贯、蔡攸等官职。

五月九日，宋军被金击败，种师中阵亡。

六月三日，宋任命李纲为河北、河东宣抚使，节制河东诸道军马以解太原之围。

八月，金击败宋增援太原之军，李纲被免职。

九月三日，金兵攻占宋太原城。

十月五日，金攻占宋真定府。

十一月，金东、西两路军强渡黄河南下。

闰十一月初，金东、西两路军会师，合围宋都开封。

二十五日，宋都汴京陷落。

十二月一日，宋钦宗上降表。

1127年 宋靖康二年 金天会五年

二月六日，金废黜宋徽宗、宋钦宗为庶人，北宋灭亡。

三月七日，金立宋降臣张邦昌为帝，国号大楚，作为金之附庸。

是月二十七日，金军北撤，四月一日全军而退。宋徽宗、宋钦宗和后妃、宗室、大臣等数千人随金兵北去。

后 记

古哲人尝言："国之大事，在祀与戎。"国家祭祀大典此且不论，宋型文化或宋韵文化虽为世人所艳称，但纵观两宋三百余年历史，却几乎与战火相始终，缠绵难解。宋初与辽（契丹）殊死搏杀数十年，好不容易因双方势均力敌而签署"澶渊之盟"，化剑为犁，歌舞升平。却又好景不常在，未过数年，西北党项人崛起，至宋仁宗时，已惯于文恬武嬉的宋人在党项骑兵的冲击下，竟然连战大败，不得已通过输送钱帛来与西夏订下和约，但党项军兵却仍时常越境侵扰边民。宋人于是痛定思痛，开始"庆历新政""熙丰变法"两场变法运动，以期变法图强，进而恢复汉唐旧疆。不过，熙丰变法也引起剧烈党争，经"元祐更化"、哲宗"绍述"至"党籍碑"，宋徽宗君臣将政治反对者一网打尽，遂恣意妄为，侈靡享乐。但好大喜功的宋徽宗又禁不住乘辽国势衰微、北征收复燕云地区以祖宗未曾达到的"一统天下"伟业巨勋的诱惑，主动联络北国新兴的女真人组成联军破辽。结果，一敌方灭，女真铁骑借灭辽之势，一举攻破汴京，北宋灭亡。侥幸漏网的徽宗之子高宗辗转江南，建立起南宋小朝廷。虽然宋为自保，尝多次北伐作战，但败多胜少；期间也尝与金之间订立有屈辱的"绍兴和议""隆兴和议""嘉定和议"等，但宋、金关系之主旋律当属战争。此时，北方蒙古崛起，金无力抗拒，遂欲通过侵宋攫取补偿，于是宋、金间战火重开。蒙古为尽快攻灭金国，几次三番主动遣人联络南宋。于是宋、蒙古组成联军灭金。但宋军欲由此收复三京，构建沿黄河防线，因组织仓促混乱，"端平入汴"失败，宋、蒙（元）战火沿着西、中、东三大战区全面展开。经过数十年的攻防激战，宋军节节败退，元军进入宋都临安。两年后，宋廷残部覆没于崖山，宋朝灭亡。在这漫长的烽火或准备烽火的路上，出现无数可歌可泣的英雄豪杰，也闪现着众多肮脏无耻的嘴脸，或映辉于天地，或警鉴于后人。

这两部小册子乃旧稿，十余年前应一家出版社之约，撰作涉及宋代历史文化普及之书，分作北宋、南宋两册。当时为免于其他相同体裁之作重复，故撰写时重点阐述宋与辽、西夏、金以及蒙（元）之间和战恩仇，并对辽、西夏、金以及蒙（元）国内的政治、军事情况多有介绍，以便与宋朝情况对读。此二书后来因故未能出版。三二年前，出版社的王珺女史来聊天，谈论相关选题，我说起了这两部旧稿，承蒙不弃简陋，列入出版计划。此次出版，主要订正了一些错字与部分明显不妥之说法。书中存在的不足之处，尚祈师友不吝指正。

于 2023 年 7 月 4 日